CULTURA DO CONSUMO

FUNDAMENTOS
E FORMAS
CONTEMPORÂNEAS

ISLEIDE ARRUDA FONTENELLE

CULTURA DO CONSUMO

FUNDAMENTOS E FORMAS CONTEMPORÂNEAS

FGV EDITORA

Copyright © 2017 Isleide Arruda Fontenelle

Direitos desta edição reservados à
Editora FGV
Rua Jornalista Orlando Dantas, 37
22231-010 | Rio de Janeiro, RJ | Brasil
Tels.: 0800-021-7777 | 21-3799-4427
Fax: 21-3799-4430
editora@fgv.br | pedidoseditora@fgv.br
www.fgv.br/editora
Impresso no Brasil | *Printed in Brazil*

Todos os direitos reservados. A reprodução não autorizada desta publicação, no todo ou em parte, constitui violação do copyright (Lei nº 9.610/98).

Os conceitos emitidos neste livro são de inteira responsabilidade da autora.

1ª edição — 2017; 1ª reimpressão — 2019; 2ª reimpressão — 2021; 3ª reimpressão — 2024.

A autora agradece o apoio da FAPESP no auxílio à pesquisa que permitiu a conclusão deste livro.

Preparação de originais: Sandra Frank

Revisão: Clarisse Cintra

Projeto gráfico e diagramação do miolo: Ilustrarte Design e Produção Editorial

Capa: André de Castro

Imagem da capa: Bunte Mahlzeit (Colorful Meal), Paul Klee, 1928, coleção particular

Ficha catalográfica elaborada pela Biblioteca Mario Henrique Simonsen/FGV

Fontenelle, Isleide Arruda
    Cultura do consumo: fundamentos e formas contemporâneas / Isleide Arruda Fontenelle. — Rio de Janeiro : Editora FGV, 2017.
    220 p.

    Inclui bibliografia.
    ISBN: 978-85-225-1943-9

    1. Sociedade de consumo. 2. Consumo (Economia). 3. Consumidores. I. Fundação Getulio Vargas. II. Título.

CDD – 306.3

SUMÁRIO

Introdução	7

I. Fundamentos — 13
  O que é cultura do consumo — 13
  As raízes da cultura do consumo nas transformações
    das mentalidades oriundas de duas revoluções:
    revolução industrial e revolução política — 19
  As relações públicas e a ressignificação da cultura
    na produção do consumidor norte-americano — 34
  O surgimento dos estudos do comportamento
    do consumidor, do marketing e o lugar
    do anúncio comercial (*advertising*) — 42
  A primeira fase da cultura do consumo (1880-1945) — 52

II. A consolidação da cultura do consumo: do segundo
    pós-guerra às décadas de transição (1945-1990) — 55
  O dispositivo da imagem e o período de ouro
    do *advertising* — 57
  Novos formatos: anúncios comerciais *nonsense* e
    novas estratégias de comunicação publicitária — 66
  Novos formatos: pesquisas de
    mercado de tendências culturais — 76
  A marca como valor: o *branding* — 84

III.	Formas contemporâneas	97
	O consumo da experiência para além da experiência de consumo	102
	Consumo responsável	140
IV.	Eixos teóricos para a compreensão da cultura do consumo	165
	Uma teoria do capitalismo	169
	Uma teoria das paixões	181
V.	Considerações finais sobre a cultura do consumo contemporânea e seu futuro	203
	Referências	207

INTRODUÇÃO

Este livro foi escrito tendo por base uma disciplina que ministro na Escola de Administração Pública e de Empresas de São Paulo, da Fundação Getulio Vargas, desde 2007.[1] Seu objetivo é apresentar uma visão sobre o lugar do consumo na sociedade contemporânea e no mundo dos negócios a partir de uma perspectiva que não seja a da gestão do marketing, da publicidade, nem a do comportamento do consumidor. Sem dúvida, a atual cultura do consumo não pode ser pensada sem a existência dessas disciplinas e técnicas, que tiveram um papel central na sua constituição. Mas a compreensão do que é cultura do consumo está além delas, extrapola seus domínios. Dessa perspectiva, o marketing, a publicidade e o comportamento do consumidor são tomados como parte do objeto de análise e não como um campo próprio de investigação.

Minha primeira tentativa de entender as relações entre marketing e cultura do consumo se deu por ocasião do lançamento do livro *Palavras-chave: um vocabulário de cultura e sociedade*, do crítico cultural inglês Raymond Williams. Como no Brasil o livro foi lançado apenas em 2007, com um atraso de mais de 30 anos de sua publicação original em inglês, a editora que o publicou solicitou a acadêmicos brasileiros que escrevessem sobre termos que, na

---

[1] Uma versão um pouco modificada dessa disciplina também foi ministrada para alunos de mestrado e doutorado acadêmico em 2005 e 2006 e para o mestrado profissional em administração durante os anos de 2008, 2009, 2010 e 2011.

época do lançamento do original, não existiam, eram marginais ou simplesmente não foram contemplados pelo autor. A mim, coube a tarefa de definir "marketing e cultura do consumo". Procurei mostrar a profunda relação que há entre o marketing e a cultura do século XX na modelagem de uma forma de vida conduzida pela lógica do consumo de mercadorias. Com isso, estavam criadas as bases do curso e, consequentemente, deste livro, que tem em Raymond Williams, assim como nos estudos culturais — o campo que teve nesse autor um dos principais fundadores —, uma referência central.

Meu interesse pelo tema do consumo começou, porém, bem antes, quando, no meu doutoramento em sociologia na Universidade de São Paulo (USP), na segunda metade da década de 1990, decidi investigar o que, na época, denominei "sociedade das imagens". Na tese, que deu origem ao meu primeiro livro — *O nome da marca: McDonald's, fetichismo e cultura descartável* (publicado originalmente em 2002) —, argumentei que a sociedade das imagens era um desdobramento da sociedade do consumo que se iniciou nas décadas finais do século XIX, marcando um novo estágio do desenvolvimento capitalista, cuja concorrência se dava pelas imagens. O final da pesquisa, em 1999, apontava que essa nova forma na qual o consumo passava a operar na sociedade — que me levou a denominá-la "sociedade das imagens" — indicava um ponto de chegada no qual ciência e tecnologia estavam a serviço dessa lógica da produção de mercadorias; em que cultura e economia já estavam profundamente imbricadas e, finalmente, tratava-se de uma sociedade que forjava subjetividades guiadas pelo desejo da visibilidade, ou seja, um modo de organização social no qual estar na imagem é existir. Ainda não estávamos na era das mídias e redes sociais virtuais, que só viriam comprovar isso de forma mais radical.

No ano 2000, iniciei um pós-doutoramento no Núcleo de Psicanálise e Sociedade da Pontifícia Universidade Católica de São

Paulo (PUC-SP) buscando entender a lógica interna desse processo que constitui subjetividades guiadas pelo desejo do consumo das imagens e da visibilidade. Isso me fez retornar a um estágio anterior, a fim de compreender a própria produção histórica do consumidor e o papel central que disciplinas emergentes nos séculos XIX e início do século XX — como as relações públicas e o marketing — tiveram na formatação dessa nova forma de vida forjada pelo consumo. Desde então, tenho desenvolvido pesquisas sobre como essa cultura do consumo vem se redesenhando na contemporaneidade, com a emergência de novos formatos que, à primeira vista, parecem até mesmo negar as origens dessa forma cultural, como é o caso do "consumo responsável", conforme veremos.

Assim, ao longo de seu funcionamento, o curso foi incorporando novos fenômenos, embora sua base não mude: inicio resgatando as raízes históricas da cultura do consumo que formataram o modo como vivemos hoje, o que constitui o primeiro capítulo deste livro. Busco, no capítulo seguinte, compreender seus desdobramentos históricos no segundo pós-guerra, quando a cultura do consumo, ao mesmo tempo que se caracterizou pela expansão exacerbada da sua primeira fase, sofreu sua primeira grande inflexão, nas décadas finais do século XX, quando seu *modus operandi*, fundamentado na pesquisa e no anúncio comercial, começou a se metamorfosear, e quando a cultura emergiu como a principal mercadoria do capitalismo. No terceiro capítulo, abordo algumas das transformações atuais da cultura do consumo, com a emergência de novos formatos, como o consumo da experiência, o prossumo[2] e o consumo responsável. Finalmente, no quarto e último capítulo, trago a discussão teórica que embasa o curso, pois percebi, pela experiência em sala de aula, que era necessário entender primeiro

---

[2] Prossumo é a junção dos termos produção e consumo, indicando um embaralhamento entre essas duas atividades. Discutirei melhor esse termo na seção referente ao consumo da experiência

a história da formação dessa cultura do consumo, o que torna a compreensão da teoria, ao final, mais clara.

Desenvolvi esse formato por acreditar que somente munidos dessa base histórica os alunos são capazes de entender o sentido e o alcance das transformações contemporâneas ligadas ao tema. Por isso, sempre insisto na importância fundamental da parte inicial do curso, que permite a compreensão da configuração dessa cultura na qual vivemos. Do mesmo modo, permite também a compreensão do consumidor como um sujeito historicamente produzido. Enfim, essa perspectiva leva a uma "desnaturalização" dessa cultura na qual nossos jovens alunos já nasceram totalmente imersos. Munidos dessa compreensão, eles passam a dispor de um maior repertório para compreender a cultura contemporânea do consumo e sua lógica.

Como procurei seguir uma configuração histórica, retomei os lugares e a literatura em que essa cultura do consumo emergiu e de onde ainda se irradia, em especial, os Estados Unidos. Certamente, haveria muito a dizer sobre como a cultura do consumo se constituiu — e vem se constituindo — em países asiáticos como China ou Emirados Árabes, assim como no Brasil. Nas aulas, procuro sempre apresentar exemplos e questões sobre como a cultura do consumo foi se formatando nesses espaços, em especial no Brasil, onde o consumo passou a ocupar um lugar central, inclusive no debate em torno da redefinição da noção de classe, em que se propôs a emergência de uma "nova classe média" (ou seria uma nova classe consumidora?). Mas ainda está para ser feita uma análise própria da cultura do consumo no Brasil a partir de uma perspectiva que não seja uma mera reprodução do modelo europeu ou norte-americano, buscando nossas especificidades culturais, que dão uma configuração muito própria às nossas relações com o consumo no contexto da lógica global da cultura do consumo como a cultura do capitalismo.

É preciso também dizer que esse foi meu recorte, meu modo de ler a cultura do consumo, essa foi minha interpretação. Certamente, o leitor encontrará outras definições, outros autores e interpretações, enfim, outros olhares sobre as configurações históricas e contemporâneas relacionadas ao mundo do consumo. Algo importante a ser dito, nesse sentido, é que, em geral, os estudos acerca da cultura do consumo (*consumer culture*) tendem a privilegiar o que está circunscrito à esfera considerada "da cultura": a relação com imagens, sons, símbolos, marcas e, portanto, sensações, emoções, experiências. Mas, como o leitor verá, ponho também a ênfase no econômico. Acredito não ser possível pensar a questão cultural do consumo sem levar em conta a materialidade que sustenta a cultura e que é, ao mesmo tempo, moldada por ela. Só assim entenderemos por que começou a ficar claro, nas décadas finais do século XX, que a cultura havia se transformado na principal mercadoria do capitalismo. Somente assim, também, é possível compreender a cultura do consumo como um fenômeno que instiga nossa imaginação para reflexões profundas acerca do que somos e sobre a maneira como agimos.

Por estar baseado em um curso, o livro buscou adotar o estilo coloquial, para ser lido por quem está se iniciando na busca da compreensão do papel do consumo na cultura contemporânea. Considero que o entendimento desse assunto é fundamental para a formação de nossos jovens estudantes. E ensiná-los também foi fundamental para o formato que este livro tomou. Por isso, agradeço a todos os meus ex e atuais alunos da FGV-Eaesp, que, com seu interesse em cursar essa matéria, assim como com suas dúvidas, questionamentos, empolgações, sugestões e muita inteligência, me desafiaram a levar esse curso adiante e a escrever este livro. A eles dedico este trabalho.[3]

---

[3] Ao longo destes anos de docência e pesquisa que subsidiaram a elaboração do curso e deste livro, publiquei artigos nacionais e internacionais dos quais muitas partes deste livro foram retiradas. Os dados bibliográficos desses artigos estão contidos nas referências citadas no final.

I. FUNDAMENTOS

O que é cultura do consumo

> *As palavras são testemunhas que muitas vezes falam mais alto que os documentos.*
>
> (Hobsbawm, 2012a:19)

É possível começar afirmando que a cultura do consumo da qual falarei é a cultura do capitalismo. Há estudiosos que costumam argumentar que houve e há culturas nas quais o consumo existe independentemente da existência do capitalismo (Douglas e Isherwood, 2006; Miller, 2013). Sim, sem dúvida há consumo, entendido como o uso das coisas, onde não há capitalismo. Mas o que este livro visa precisar é, exatamente, a relação entre consumo e capitalismo. A ideia central do livro é que o consumo no capitalismo funciona de uma forma muito diferente do consumo em sociedades não capitalistas, pois no capitalismo o que temos é o consumo de mercadorias. E, como veremos, consumir mercadorias não é o mesmo que consumir um objeto que não tenha por finalidade um valor de troca econômico. Por isso, defino cultura do consumo como uma cultura impregnada da forma-mercadoria[4] e que, por

---

[4] A compreensão do que é a forma-mercadoria ficará mais clara na seção referente à teoria do capitalismo.

isso, tornou-se um modo de vida que foi ressignificando os usos dos objetos, assim como os hábitos, valores, desejos, paixões e ilusões de uma época. De forma mais simples, poderíamos dizer que essa cultura do consumo que vamos analisar teve início quando a produção da fantasia em torno de uma mercadoria passou a ser mais importante do que a utilidade que essa mercadoria poderia ter. Ainda assim, é preciso insistir que todo produto — independentemente de ser mercadoria — é consumido simbolicamente. Mais precisamente, o que especifica a cultura do consumo é o exercício do controle sobre a determinação simbólica ou cultural desses produtos ou bens (Lee, 1993:17).

Essa predominância sobre o significado das coisas, conforme explicita o crítico cultural Sut Jhally (2014; 1989), se dá porque os bens, tomados como mercadoria, não devem trazer, em si mesmos, nenhum significado, pois esse significado foi esvaziado pela lógica da mercadoria. Por isso, o papel do anúncio comercial, para Jhally, é preencher a mercadoria esvaziada com um significado, já que não haveria função para o *advertising* se os objetos trouxessem consigo um significado próprio. O poder do anúncio comercial "depende desse esvaziamento inicial. Somente, então, o anúncio pode preencher esse espaço vazio com seu próprio significado. Esse poder vem do fato de que o anúncio faz sua magia funcionar em uma lousa em branco" (Jhally, 1989:221, tradução livre).

Cultura do consumo contém duas palavras que, isoladas, têm significados próprios, que são importantes para a compreensão do que se pretende aqui estudar. Segundo Raymond Williams (2007:117), cultura "é uma das duas ou três palavras mais complicadas da língua inglesa". Williams nos mostra que cultura, em seus primeiros usos, era um substantivo que se referia a um processo, a um cuidado com algo que, no princípio, estava relacionado ao cultivo e à colheita ou ao cuidado com animais, até que se ampliou para envolver o cuidado com o desenvolvimento humano. Por fim, o autor propõe três categorias amplas e ativas do uso do termo cultura:

(i) o substantivo independente e abstrato que descreve um processo de desenvolvimento intelectual, espiritual e estético, a partir do século 18; (ii) o substantivo independente, quer seja usado de modo geral ou específico, indicando um modo particular de vida, quer seja de um povo, um período, um grupo ou da humanidade em geral; (iii) o substantivo independente e abstrato que descreve as obras e as práticas da atividade intelectual e, particularmente, artística [Williams, 2007:121].

Embora, ainda hoje, o termo cultura seja comumente relacionado às práticas artísticas — música, literatura, pintura, teatro, cinema —, o significado (ii) de cultura como um modo particular de vida de um período específico que abrange diferentes grupos e povos me parece ser o mais propício para pensarmos a cultura contemporânea que denomino de cultura do consumo. Entendo como "modo particular de vida" um conjunto compartilhado, e *institucionalmente sustentado*, de ideias, valores, crenças e comportamentos. Trata-se de um sentido mais antropológico que artístico de cultura. Tal sentido também evita o que era a preocupação maior de Williams: a separação da cultura das esferas econômica e política. O pressuposto teórico que permite pensar a interlocução e inseparabilidade entre tais esferas é o materialismo cultural, que conceitua a cultura como força produtiva. As formas culturais, na perspectiva de Williams, são compreendidas como meios através dos quais os diferentes grupos sociais lutam na busca da determinação dos significados de uma dada sociedade. Conforme Lee (1993:49, tradução livre), quando aplicada ao campo do consumo, isso permite ver as mercadorias como tendo "uma vida dupla: como agentes de controle social e como objeto utilizado pelas pessoas comuns na construção de sua própria cultura". Isso significa que as mercadorias são formatadas ideológica e esteticamente, via anúncio comercial, *design*, marketing e outras formas promocionais, segundo uma forma que atenda aos interesses do mercado. Por outro lado, elas também devem ser entendidas como artefatos culturais que são tomados pelas pessoas comuns em sua reprodução da vida cotidiana, podendo, portanto, reconfigurar os sentidos inicialmente atribuídos pelo mercado. Nesse contexto, é possível dizer que a cultura é política em um sentido muito específico, como podemos apreender a partir da definição de cultura como "um modo particular de vida, que expressa certos significados e valores não só na arte e na aprendizagem, mas também nas instituições e no comportamento habitual" (Williams, 1965:57, tradução livre). Como instância de construção de significados e de veiculação de valores, a cultura, portanto, está impregnada de sentido político.

Como modo particular de vida, a cultura contemporânea, que denomino cultura do consumo, tem suas raízes no final do século XIX, formatando-se ao longo do século XX, coincidentemente com o nascimento do marketing como disciplina acadêmica. Tornou-se mundial, atingindo diferentes grupos e povos, e tem forte influência sobre a atividade intelectual e artística dos nossos dias. Para entendermos melhor como isso ocorreu, voltemo-nos, agora, para o conceito de consumo.

De acordo com Williams (2007), é o termo consumidor (*consumer*) que aparece como palavra-chave, embora, na busca de sua definição, o verbo consumir (*consume*) é que ganhe destaque. O autor nos mostra como, no inglês moderno, os substantivos consumo (*consumption*) e consumidor são predominantes na descrição de todos os tipos de bens e serviços. E para entender esse predomínio, é importante resgatar a história da palavra. "Consumir", nos mostra Williams (2007:109), faz parte da língua inglesa desde o século XIV e "em quase todos os primeiros usos em inglês, tinha um sentido desfavorável; significava destruir, esgotar, dilapidar, exaurir [...]. Usos antigos de consumidor, desde o século XVI, tinham o mesmo sentido geral de destruição ou gasto".

Williams nos conta que, apesar de o termo consumidor começar a aparecer de forma neutra nas descrições de economia política burguesa a partir de meados do século XVIII, o termo consumir persistiu com um caráter negativo até, pelo menos, o fim do século XIX. Diz-nos o autor que a palavra só passou a ser empregada no sentido geral e popular que tem hoje a partir de meados do século XX, e que essa origem moderna da palavra é norte-americana, tendo-se espalhado rapidamente.[5] O rápido desenvolvimento positivo da palavra é atribuído a um novo estágio de busca de planejamento e controle dos mercados que seriam inerentes à produção capitalista industrial. E, com tal explicação, o autor deixa entrever o papel que o marketing assume nesse novo estágio, a partir do que ele chama de "criação de necessidades e de modos específicos de satisfação" (Williams, 2007:110).

Não é sem razão que me detenho tão longamente na descrição de Raymond Williams. Nela está a chave para a compreensão da formação da cultura do século XX, qual seja, a história da fabricação desse modo de vida guiado pelo consumo, bem como a produção do próprio consumidor. Em outras palavras, o consumidor foi um ser historicamente construído, tendo havido épocas nas quais as pessoas não se pensavam como consumidoras, em especial como consumidoras de mercadorias. É interessante ver também como a perspectiva crítica desse modelo de sociedade "esbanjadora e desperdiçadora", nas palavras de Williams, já estava presente

---

[5] Em território americano, já é possível encontrar o termo consumidor (*consumer*) e o verbo consumir (*consume*) em livros como o de Christine Frederick, *Selling Mrs. Consumer*, publicado em 1929. Nesse livro, a autora defendia o papel vital das mulheres como consumidoras, assim como o consumismo como uma nova doutrina. Ao mesmo tempo que defendia o quanto o acesso ao consumo melhoraria a vida das mulheres — já com destaque para a importância do crédito ao consumidor —, Frederick também apontava para a importância do consumo no equilíbrio da economia americana. Logo no início do livro, a autora aponta as dificuldades da economia americana por conta da *"consumer's failure to consume more"* (Frederick, 1929:4). Não é sem importância destacar o ano de publicação desse livro, exatamente quando se inicia a Grande Depressão americana. Trata-se de um livro muito interessante para se compreender o debate em torno do consumo na época. Voltaremos a ele.

na própria raiz da palavra "consumir". Retomando a epígrafe de Hobsbawm, as palavras têm valor de testemunho. Nesse caso, fica claro como foi necessária toda uma construção cultural para que o significado da palavra consumo se descolasse de seu significado original e negativo e assumisse um valor positivo.

Em que pese o papel central que o consumidor exerce nessa cultura do consumo, ou justamente por causa disso, é necessário descentrá-lo, tirá-lo do lugar de agente desse processo, a fim de localizarmos mais precisamente as forças econômicas, sociais e culturais em jogo que forjaram esse novo modo de vida. Esse acento que ponho na cultura do consumo (*culture of consumption*) e não na cultura do consumidor (*consumer culture*) marca uma diferença sutil, porém fundamental na estruturação deste livro, em relação aos chamados estudos teóricos que englobam o vasto campo da *consumer culture*, que estão mais interessados em abordar os processos de consumo a partir da perspectiva do consumidor como categoria dada e não historicamente construída ou, no limite, construída sem ambiguidades, como resultado de um "processo natural" do desenvolvimento da modernidade. Nesse sentido, a análise que faz o sociólogo Don Slater acerca da necessária diferenciação desses termos é precisa. O autor argumenta que "ao se considerar a sociedade moderna como uma cultura de consumo, não se deve ter em vista simplesmente um padrão específico de necessidades e objetos — uma cultura de consumo em particular —, mas uma cultura *do* consumo. Falar dessa maneira é considerar que os valores dominantes de uma sociedade não apenas são organizados através das práticas de consumo, mas em algum sentido, derivam delas" (Slater, 1997:24 — grifo no original, tradução livre). Daí minha escolha por "cultura *do* consumo" e não "cultura *de* consumo", uma vez que quis acentuar, como Slater, a forma predominante do consumo na formatação das práticas e identidades sociais, nos ideais e valores, enfim, na estruturação da cultura contemporânea.

Claro está que, para ser historicamente constituído, o consumidor foi produto de uma nova mentalidade que estava também em formação. Para entender como isso tudo ocorreu, é preciso resgatar a "pré-história" da cultura do consumo, ou seja, alguns acontecimentos que puderam formar o palco a partir do qual essa cultura e seu personagem principal puderam emergir.

As raízes da cultura do consumo nas transformações das mentalidades oriundas de duas revoluções: revolução industrial e revolução política

> *Todo o mal vinha desse desejo moderno de se elevar acima da sua classe, de aspirar ao luxo. Todavia — observou um industrial — o luxo favorece o comércio.*
>
> (Flaubert, 2015:175)

A cultura do consumo como modo particular de vida sempre esteve muito associada à sociedade americana. Não é por acaso que é nos Estados Unidos que Raymond Williams encontra a origem moderna da palavra "consumidor". Consumir tornou-se sinônimo do *american way of life*. Tal associação deve-se ao papel que os Estados Unidos tiveram não apenas em forjar uma cultura do consumo em seu próprio território, mas em expandi-la, tornando-a mundial. Sem dúvida, é a partir dos Estados Unidos que é possível buscar de forma mais evidente as raízes dessa cultura do consumo que ainda prevalece neste início do século XXI. E é desse lugar que falaremos em breve.

Antes, porém, é preciso compreender que o surgimento desse modo particular de vida não repousa eminentemente em solo americano e nem está contido em um único fenômeno. Mas se for possível definir uma pré-história da cultura do consumo, certamente ela pode ser contada a partir de uma revolução das mentalidades, denominação que estou dando a algumas transformações econômicas, políticas e subjetivas oriundas, por sua vez, de duas revoluções fundamentais para que a cultura do consumo emergisse: uma revolução industrial e uma política — tomando-se a Revolução Francesa como "tipo ideal" —, pois foram essas que deram forma ao que passamos a denominar "era moderna" e, por consequência, de indivíduo moderno.

Segundo o historiador Eric Hobsbawm (2012a), a Revolução Francesa esteve para as transformações políticas da Europa e do mundo ocidental como a Revolução Industrial, na Inglaterra, esteve para as transformações econômicas nessa mesma parte do mundo. Foram essas duas grandes revoluções que, segundo o historiador, ingressaram o mundo na modernidade. Pode-se afirmar que a Revolução Francesa foi profundamente influenciada pelas mudanças históricas mais amplas que caracterizaram o período moderno, como o Iluminismo, assim como se tornou fundamental para o que foi a compreensão da modernidade desde então. A Revolução Francesa também pode ser compreendida dentro do quadro de uma revolução burguesa, guiada pelos princípios liberais. Em outras palavras, seguindo o historiador, é possível afirmar que, por volta de 1780, "as forças econômicas e sociais, as ferramentas políticas e intelectuais", entre as quais "a ideologia de uma crença no progresso individualista, secularista e racionalista" já estavam presentes. Mas não era possível "assumir como certo que elas fossem suficientemente poderosas ou disseminadas". Foi apenas com a dupla revolução que elas se tornaram centrais na moldagem de um novo mundo comandado pelo triunfo da "indústria capitalista" e da "sociedade burguesa liberal". Assim, Hobsbawm considera o longo período de 1789-1848 como o da "grande revolução", que, no seu entendimento, "foi o triunfo não da 'indústria' como tal, mas da indústria *capitalista*; não da liberdade e da igualdade em geral, mas da *classe média* ou da sociedade *burguesa* liberal" (Hobsbawm, 2012a:20-22, grifos no original).

O que torna a revolução industrial um fenômeno fundamental para a emergência da cultura do consumo é o fato de que foi nesse contexto que começou a se configurar o capitalismo como modo de produção de mercadorias. Tal aspecto fica mais evidente por ocasião da segunda revolução industrial, ocorrida nas décadas finais do século XIX, pois foi essa que possibilitou uma quantidade maior de mercadorias postas em circulação para consumo individual e que precisavam ser rapidamente consumidas.[6]

Esse fato levou a outras transformações materiais que foram fundamentais para a constituição de um modo de vida guiado pelo consumo, por exemplo, uma mudança profunda no comércio varejista, com a criação das lojas de departamentos (*department stores* em inglês ou *grands magasins* em francês), que viriam a ser os espaços de consumo correspondentes ao período da produção em massa e que surgiram inicialmente em cidades como Paris, Londres, Chicago, Nova York a partir da segunda metade do século XIX.

É o sociólogo norte-americano Richard Sennett (1988:181) quem nos mostra o quanto a loja de departamentos foi uma extensão da produção, uma "resposta à fábrica". A história do papel que elas exerceram nesse primeiro momento de criação do consumidor, no contexto do capitalismo industrial, já está fartamente documentada (Pasdermadjian, 1954; Saint-Léon, 1911; D'Avenel,

---

[6] A Revolução Industrial teve como ponto de partida histórico as décadas finais do século XVIII. Mas seus impactos mais significativos, em especial fora da Inglaterra, não se fizeram sentir antes da década de 1830. Foi exatamente nessa década que o mundo literário começou a retratar aquilo que se configurava como uma sociedade capitalista, "um mundo no qual todos os laços sociais se desintegravam exceto os laços entre o ouro e o papel moeda, no dizer de Carlyle" (Hobsbawm, 2012a:58). Já a segunda revolução industrial foi marcadamente americana, tendo começado em fins do século XIX e início do século XX. O que a caracterizou foi o trabalho racional, investido não apenas na fábrica, mas também na comercialização e no consumo (Zaretsky, 2006). Foi ela que moldou o mercado de consumo doméstico, de bens duráveis. Discutiremos melhor esse aspecto adiante. O importante, por ora, é compreender que a segunda revolução industrial está mais diretamente relacionada à construção da cultura do consumo, embora sua gênese já estivesse contida na primeira.

1894; Miller, 1981). As primeiras lojas de departamentos que surgiram, primeiro em Paris — a Bon Marché, em 1852 — e, logo em seguida, em Londres e Chicago, foram resultado do sistema de produção: "artigos feitos a máquina podiam ser feitos mais rapidamente e em muito maior volume do que os artigos feitos a mão" (Sennett, 1988:181). A lógica contida era fixar os preços dos produtos, com uma margem de lucro menor, mas com grandes volumes de vendas. Seu objetivo principal era promover o giro rápido do estoque, a fim de permitir o salto temporal entre a criação e a realização do valor[7] da mercadoria. Nesse sentido, tais magazines apresentam-se como o modelo mais acabado de uma época na qual o desafio da fábrica era produzir para vender: "a era da abordagem de vendas [...] uma fixação sobre como proceder para vender os produtos que a corporação estava produzindo (Dawson, 2005:33, tradução livre).

Sennett nos mostra, ainda, como outros fenômenos correlatos também tiveram de existir para que a estratégia das lojas de departamentos — que era ter uma multidão de compradores — funcionasse. Foi necessária uma revolução urbana e nos transportes para que, de fato, os compradores pudessem chegar às lojas. Daí a criação dos *grands boulevards* em Paris, entre as décadas de 1850 e 60, assim como a criação de sistemas de transportes em Paris e Londres por volta desse mesmo período. Em Chicago, mostra-nos o autor, também houve essa combinação entre transporte rápido e comércio varejista, especialmente após o grande incêndio de 1871.

Ainda que na época não houvesse o termo macromarketing — que, em marketing, designa o gerenciamento das políticas do macroambiente (Dawson 2005:117) —, é possível afirmar que o que ocorria naquele momento era justamente uma atuação conjunta entre mercado e âmbito público, no sentido de fornecer a infraes-

---

[7] A explicação sobre o que vem a ser esse salto temporal e a própria noção de valor estão na seção sobre a teoria do capitalismo.

trutura necessária para que a cultura do consumo efetivamente existisse.[8] Tal reorganização se complementava no nível micro, no qual as lojas de departamentos são um exemplo perfeito do uso de técnicas de estímulo ao consumo que até hoje são utilizadas: a justaposição inesperada, ou seja, o critério de colocar diferentes objetos juntos, um lado do outro, a fim de suspender o caráter de uso dos mesmos e gerar um estranhamento que levaria ao desejo de possuí-lo; a decoração e o caráter de espetáculo das vitrines, nas quais um vestido feito a máquina era posto ao lado da foto de uma duquesa, sugerindo uma clara associação entre o uso do vestido e o *status* de nobreza que este promoveria. Enfim, técnicas que tinham por intenção fundamental revestir os objetos de significações para além de sua utilidade (Sennett, 1988).

Mas toda essa reorganização dos ambientes macro e micro visando a um potencial consumidor não é suficiente para que ele, de fato, exista. Ainda que houvesse todo o desejo e investimento

---

[8] Em *Paris: capital da modernidade*, o geógrafo urbano David Harvey (2015) nos dá um vívido panorama do quanto o novo desenho urbano, que passou a favorecer a livre circulação de pessoas, mercadorias e capital, resultou de arranjos mais complexos. O autor localiza a reconfiguração daquela cidade francesa a partir da busca pela saída da crise do capitalismo, em 1848. E é importante mencionar o que foi essa crise, no contexto histórico que estou procurando resgatar. Harvey (2015:132) mostra como "em 1848 o capitalismo havia amadurecido em um grau suficiente para até o mais cego apologista burguês enxergar que as condições financeiras, a especulação incauta (em particular com respeito às ferrovias) e a superprodução tinham algo a ver com a tragédia humana que se abateu sobre a Grã-Bretanha em 1847 e logo engolfou tudo em que consistia o mundo capitalista". Ainda segundo Harvey, a crise completa de superacumulação capitalista, em 1848, exigia uma reforma radical do capitalismo ou sua derrubada revolucionária. E Paris assumiu a saída revolucionária para, rapidamente, ser tomada por um segundo império, o de Luís Bonaparte. E foi no curso dos 18 anos de duração desse império que ocorreu toda a reforma urbana da cidade, sob os cuidados do lendário prefeito, o barão Georges-Eugène Haussmann. Assim, se a reconstrução do tecido urbano tinha o objetivo político de fornecer o espetáculo do Império, ela também se harmonizava, perfeitamente, com o crescente desenvolvimento do capitalismo e a necessidade de mais consumo. Finalmente, a partir da década de 1860, o poder imperial foi perdendo espaço para "o poder do capital e do comércio como forças condutoras na reconstrução de Paris" (Harvey, 2015:282).

dos industriais da época no sentido de vender suas mercadorias feitas a máquina, e ainda que tenha havido uma série de transformações técnicas e urbanas, assim como o desenvolvimento de um novo tipo de comércio, nada disso teria resultado em uma cultura do consumo se não existissem pessoas dispostas a comprar. Como nota Jeremy Rifkin (1995:19), referindo-se à emergência da cultura do consumo nos Estados Unidos, "o fenômeno do consumo de massa não ocorreu espontaneamente, tampouco foi o subproduto inevitável de uma natureza humana insaciável. Ao contrário".

A afirmação de Rifkin, obviamente, pode ser estendida também para os europeus, em especial ingleses e franceses, objetos de análise histórica de Richard Sennett (1988:182), que também observa que, com o advento das lojas de departamentos, as pessoas começaram a querer possuir vários conjuntos de roupas feitos a máquina, assim como substituir a única frigideira, de uso geral, por diferentes tipos de caçarolas e panelas sem finalidades específicas. E até mesmo "as pessoas que tinham poucos recursos passaram a comprar artigos que nunca haviam sonhado possuir. Expandia-se o nível de consumo entre as classes médias e as classes trabalhadoras mais altas" (Sennett, 1988:182).

O que começou a levar as pessoas a desejarem possuir mercadorias que nunca sonharam antes, inclusive aqueles que tinham poucos recursos? Se os estímulos ao consumo promovidos pelas lojas de departamentos começaram a funcionar foi porque havia uma disposição psíquica para se acreditar que era possível "ser outra pessoa" apenas por usar um vestido que sugeria uma conexão com a foto de uma duquesa X. Na trilha desse exemplo, Richard Sennett (1988:186) dá uma pista:

> um vestido, em 1750, não era uma questão de como a pessoa se sentia, era uma marcação, elaborada e arbitrária, do lugar que ela ocupava na sociedade, e quanto mais alto se estava na sociedade, mais liberdade se teria para jogar com aquele objeto, a sua aparên-

cia, de acordo com regras elaboradas e impessoais. Por volta de 1891, possuir o vestido certo, fosse ele produzido em massa e não muito bonito, leva uma mulher a sentir-se casta ou *sexy*, uma vez que suas roupas "a" expressavam.

As palavras do sociólogo indicam que esse processo precisa ser compreendido a partir das transformações políticas e culturais da passagem do Antigo Regime para o capitalismo industrial e burguês, que passou a permitir uma nova maneira de as pessoas se expressarem em público. É que no Antigo Regime as pessoas deviam se vestir de acordo com o lugar que ocupavam na hierarquia social, ou seja, elas eram obrigadas, mediante leis suntuárias, a se vestir de acordo com sua posição social. A maneira como uma pessoa se vestia, portanto, não visava indicar de modo nenhum uma expressão de si mesma, de como a pessoa se sentia ou queria ser vista. Sua função era indicar, tão somente, o lugar que essa pessoa ocupava na sociedade por sua condição de nascimento. Mas "a *mobilidade social* poderia de fato colocar numerosas pessoas dentro da situação histórica inteiramente nova de desempenhar papéis sociais novos (e superiores), tendo que usar as roupas apropriadas" (Hobsbawm, 2012b:350, grifo meu).

A Revolução Francesa é considerada o acontecimento histórico que alterou esse estado de coisas, pois a partir desse acontecimento as aparências — definidas pelo uso de uma indumentária em público, por exemplo — deixaram de ser consideradas em função do lugar fixo que uma pessoa ocupava na sociedade, decorrente de uma estrutura social rigidamente definida. A partir disso, "toda a relação entre o eu e a aparência foi confundida, podendo-se reconhecer o começo da trajetória liberal, que enfatiza o eu como meta da vida" (Miller, 2013:62).

Em outras palavras, é a partir desse momento histórico que começa a se desenvolver a ideia de que haveria um "verdadeiro eu" e que esse poderia (mas não necessariamente) se expressar em público por meio um modo específico de se vestir, por exemplo. Era possível "brincar com as aparências", "ser outro". O uso dos objetos na construção desse "eu" que queria "ser" ou "parecer" passou a englobar muitos aspectos da vida cotidiana. É aqui que a revolução industrial e a revolução política convergem para uma transformação nas mentalidades da qual a cultura do consumo é tributária.

As mercadorias como expressão do indivíduo moderno: o desafio identitário

A Revolução Industrial e a Revolução Francesa ocorreram quase ao mesmo tempo e, juntas, promoveram uma transformação nas mentalidades. Foi um longo processo de subjetivação no mundo moderno, que ocorreu em função das perdas das referências estáveis na passagem de um modo de vida assentado no pertencimento garantido em certa posição social, ao momento no qual se instituiu a possibilidade da mobilidade social e da livre escolha sob uma nova era: a era do indivíduo, essa também uma criação moderna. Se isso, por um lado, abriu imensas possibilidades de invenção do que era um "eu", por outro, o modo de inserção do sujeito no seu meio social, a maneira de se definir "quem eu sou" passou a ser muito mais abstrato, indefinido. Ou seja: se isso permitiu uma "renúncia à civilidade formal do Antigo Regime, em prol das relações psicológicas pretensamente espontâneas" (Costa, 2004:153), por outro lado a antiga etiqueta "do decoro e da distância [...] tinha a vantagem de dizer o que era e deveria ser um 'indivíduo civilizado'. Ser civilizado significava comportar-se de modo a ter um nome, uma linhagem, uma reputação na boa sociedade". Na ausência desse enquadre da etiqueta, das regras de convivência já solidamente estabelecidas, emergiram as incertezas ligadas ao campo da identidade — não por acaso, uma categoria central para os estudos do consumo.

O parágrafo anterior refere-se a uma das características constitutivas da sociedade da corte, do ponto de vista dos seus costumes: um rígido padrão de comportamento cujo núcleo era o autocontrole, uma contenção das paixões e emoções, uma autodisciplina complexa, um espírito de previsão, "a formação mais estável do superego"[9] (Elias, 1993:215). Em *O processo civilizador*, o sociólogo alemão Nobert Elias mostra como a constituição daquilo que chamaríamos de civilização ou cultura moderna — que tem na Europa seu ponto de nascimento e na nobreza cortesã francesa seu núcleo[10] — começou, lentamente, com a transformação da sociedade de guerreiros, a partir dos séculos XI ou XII até sua conclusão nos séculos XVII e XVIII, quando já se tem constituída uma sociedade da corte. O que o autor chama de processo civilizador ocorreu em um longo período de formatação de novos costumes, de formação do gosto, de neutralização das emoções a partir de um autocontrole exacerbado das paixões — questão central na cultura do consumo, como discutiremos no capítulo final. Mas, segundo Elias (1993:215),

> os cortesãos não criaram nem inventaram a moderação das emoções e a regulação mais uniforme da conduta. Eles, como todos os demais nesse movimento, curvavam-se a limitações impostas pela interdependência que não havia sido planejada por qualquer indivíduo isolado ou grupo de pessoas.

Essa questão é importante para entendermos as relações de interdependência que ocorreriam a partir de um novo momento

---

[9] Falaremos do superego na seção referente à teoria das paixões, no capítulo IV.
[10] Viena não poderia deixar de ser mencionada como uma das grandes formadoras de estilos de vida no século XVIII — sede de uma das grandes cortes absolutistas que rivalizava com Paris e berço de Sigmund Freud, o criador da psicanálise que, como veremos, teve profunda influência na formação da cultura do consumo norte-americana.

histórico oriundo da dupla revolução aqui referida — industrial e política.

Era esse o modelo dominante de comportamento social na Europa — em especial nas capitais inglesa e francesa — nas décadas finais do século XVIII. E a burguesia, que emergiu como classe vitoriosa naquele momento histórico da dupla revolução, ainda estava profundamente atrelada aos modos e costumes da sociedade da corte — o modelo hegemônico. Ser um nobre ainda era o que instigava a fantasia burguesa e, mesmo várias décadas depois, temos o exemplo de anúncio em uma loja de departamentos de um vestido feito a máquina ao lado da foto de uma duquesa (Sennett, 1988). Assim, ao tornar-se a classe superior, a burguesia ainda estava "estreitamente vinculada à tradição de corte em seu comportamento e no controle de suas emoções, mesmo depois de demolido o edifício do velho regime" (Elias, 1994:62). Ao ascender como nova classe social, a burguesia tomou como modelo de conduta a classe que superou, ao mesmo tempo que buscou criar seu estilo próprio, de modo que também se distanciasse dos que estavam abaixo na escala social que, por sua vez, buscavam se nivelar pelo modo de ser burguês. Esse processo, segundo Elias, foi mais forte nas burguesias francesa e inglesa, e menor na Alemanha, por características específicas do desenvolvimento histórico de cada país, que fogem aos objetivos deste estudo. Aqui, resta considerar que foram as duas grandes capitais — Londres e Paris — as irradiadoras de um modo de vida ocidental que passou a ser denominado "civilizado" e que encontraria, no desenvolvimento material obtido pela revolução industrial, um modo próprio de se expressar que tinha no controle das emoções seu epicentro.[11]

---

[11] Elias mostra como esse padrão "civilizado" de conduta espraiou-se, a partir do século XIX, tanto para as classes mais baixas, em ascensão, nas sociedades em que se desenvolveu, em especial Inglaterra e França, assim como disseminou-se pelas diferentes classes nas colônias, ganhando características próprias em função do padrão nativo de conduta de cada uma delas. Exemplificando com o caso norte-

Mas criar seu próprio código de conduta é fundamental na formação identitária de uma classe. Embora o controle das emoções — apreendido da vida da corte — continuasse sendo o que distinguia a burguesia como classe superior, ele se misturou à criação de um mundo privado na instituição da família burguesa, que passou a definir o modo de ser burguês. Isso fica evidente em um espaço que, conforme o historiador Eric Hobsbawm (2012b:350), pode ser considerado "a quintessência do mundo burguês": o lar. O autor e tantos outros estudiosos[12] que retrataram essa época são precisos em demonstrar como a noção de lar burguês era concretizada a partir de objetos materiais em abundância: "a impressão mais imediata do interior burguês de meados do século é a de ser demasiadamente repleto e oculto, uma massa de objetos, frequentemente

---

-americano — que viria a se tornar o hegemônico da cultura do consumo hoje global —, Elias (1993:255) mostra como "o código nacional de conduta e controle de paixões vigentes nos Estados Unidos apresenta maior grau de características de classe média do que — a despeito de numerosas similaridades — o correspondente código inglês". A acreditarmos nas definições de comportamento da classe média norte-americana em meados do século XIX, é de se supor que os Estados Unidos absorveram mais o código moral dos ingleses do que o código de boas maneiras copiado da corte. Fazendo jus a essas descrições de falta de modos dos americanos, que narra em seu livro, o crítico cultural Neal Gabler (1999:19) reitera que, nesse período, "os americanos não pareciam conhecer muita coisa sobre a civilização superior nem se importar muito com ela". É interessante perceber como essa lacuna da "conduta civilizada" europeia — junto ao "pragmatismo e diligência" que já lhe eram motivos de elogio pelos mesmos europeus — deixou nos Estados Unidos uma brecha necessária para que lá se desse a expansão da cultura do consumo tal qual a conhecemos hoje.

[12] O apego burguês pela vida privada e pelos seus "artigos de luxo e acessórios" é igualmente narrado por Walter Benjamin (1989:44), ao nos mostrar como a burguesia buscava, "sem descanso", se rodear de uma "multidão de objetos", ao mesmo tempo que tornava sua moradia "uma espécie de cápsula". Em *A educação sentimental*, romance que seu autor, Gustave Flaubert (2015) denominou "costumes modernos", escrito a partir de 1864 e concluído em 1869, temos um vívido retrato dessa época já marcada pela superioridade burguesa e pelo consumo como meio de ascensão e diferenciação social. Naquilo que é, ao mesmo tempo, um romance psicológico e histórico, o autor evidencia, de forma incontestável, as transformações das mentalidades oriundas da dupla revolução.

escondidos por cortinas, almofadas, tecidos e papéis de parede, e sempre muito elaborados". Segundo Hobsbawm, os objetos não tinham um caráter meramente utilitário ou se dispunham apenas a ser símbolos de *status* e sucesso. Eram isso tudo, mas também tinham um valor em si mesmos, no sentido de promoverem um novo tipo de homem, de expressarem a nova personalidade burguesa, sendo, portanto, essenciais para a definição do "programa e da realidade da vida burguesa" (Hobsbawm, 2012b:350-351).

O lar burguês, o domínio privado, tornou-se o espaço no qual se poderia vivenciar aquilo que era considerado o "verdadeiro eu".[13] Nesse momento, os objetos produzidos para consumo, já sob a forma-mercadoria, começavam a ganhar centralidade, pois serviram à nascente burguesia como marcação para um novo tipo de vida e para dar conformação a afetos relacionados a uma forma de localização nesse novo mundo, através de maneiras diferenciadas de se vestir, se divertir, se educar, morar. A necessidade de escoamento das mercadorias encontrava, assim, ressonância em um momento histórico no qual o consumo dos objetos favorecia a definição de outro modo de vida. Mas esse ainda era um mundo no qual as mercadorias eram compradas para serem preservadas — os objetos materiais eram adquiridos para durar e duravam. Ainda levaria um tempo para que passassem a se guiar pela lógica

---

[13] Para Eric Hobsbawm, a família burguesa era uma instituição misteriosa, já que sua forma negava todos os ideais da sociedade burguesa liberal, tais como a obtenção do lucro, a competição da livre iniciativa, o individualismo, a igualdade de direitos e de oportunidades e a liberdade. A chamada família nuclear burguesa "era uma autocracia patriarcal e um microcosmo da espécie de sociedade que a burguesia como classe denunciava e destruía: uma hierarquia de dependência pessoal" (Hobsbawm, 2012b:360). Considerando, então, essa contradição direta entre a estrutura da família burguesa e a sociedade burguesa, o que sustentava a primeira? Além de vantagens econômicas que um casamento e um "nome de família" propiciavam na época, há também elementos subjetivos, como "a ilusão de uma alegria harmoniosa e hierárquica", em que "podiam os problemas e contradições daquela sociedade ser esquecidos ou artificialmente eliminados" (Hobsbawm, 2012b:350).

da mercadoria, quando "uma cadeira ou uma mesa seriam consumidas tão rapidamente quanto um vestido, e um vestido quase tão rapidamente quanto o alimento" (Arendt, 2000:137).

Quando a vida privada passou a ser o palco, e a família, a pequena corte da burguesia, o controle das emoções e a fundação de uma esfera privada definiram o modo de ser burguês. Nele, o autocontrole copiava o modelo cortês, mas também começava a dele se distanciar, à medida que "o controle necessário ao trabalho profissional diferia em muitos aspectos do que era imposto pela função de cortesão e pelo jogo da vida na corte" (Elias, 1993:254). Um exemplo: embora o dinheiro não fosse indispensável à vida cortesã, esse não representava seu valor principal. O prestígio, o *status*, a proximidade com o rei determinavam a honra ou a desgraça de um nobre. Mas a burguesia ascendeu justamente quando "as profissões e o dinheiro passaram a ser as principais fontes de prestígio" (Elias, 1993:252). E, com isso,

> o esforço requerido para a manutenção da existência social burguesa, a estabilidade das funções do superego, a intensidade do controle das emoções e de sua transformação, exigidos pelas funções profissionais e comerciais, foram, em suma, muito maiores, a despeito de um certo relaxamento na esfera das maneiras sociais [Elias, 1993:254].

Trabalhar, por exemplo, era algo constitutivo dessa nova classe, a burguesia. E foi na esfera do trabalho que o desafio da autodisciplina, da racionalização, do controle das emoções, do espírito de previsão tornou-se central. Nessa esfera, o autocontrole se impõe como mais rígido e necessariamente regular, não apenas por conta da posição central de funções que os membros desses setores passam a assumir, como também porque isso se torna uma forma de diferenciação social. Como Norbert Elias nos mostrou tão bem, a existência de setores mais importantes que outros é característica de qualquer rede humana. No caso do processo civilizador das sociedades ocidentais, seu caráter especial resulta do aumento da interdependência social em razão da complexidade das funções envolvidas, assim como do equilíbrio, cada vez mais uniforme, na dependência recíproca dos diversos setores, em função, especialmente, da nova divisão do trabalho. Assim, se em suas fases iniciais era à burguesia que cabia um autocontrole excessivo das paixões e emoções, paulatinamente esse modelo de conduta se expande para as camadas consideradas inferiores, denominadas, em geral, "trabalhadores". Esses

> são cada vez mais submetidos ao tipo de compulsões externas que se transformam em autocontrole individual; neles, também, aumenta a tensão horizontal entre a agência de controle do ser e as energias da libido que agora são transformadas, controladas ou reprimidas, com maior ou menos sucesso [Elias, 1993:209].

Embora essas duas classes, internamente, tenham se caracterizado por uma situação de interdependência e conflito, do ponto de vista da lógica do trabalho e de sua divisão elas começaram a se guiar por um mesmo código moral e de conduta, diferenciando-se de estratos urbanos inferiores ou agrários. Em outras palavras, mesmo com nuances específicas de cada classe, o modo de organização do trabalho passou a requerer, de ambas, um mesmo controle das paixões e ações e uma mesma forma de racionalização da vida.

É em oposição a esse mundo árido, e muitas vezes sofrido, da necessária racionalização das paixões e do controle emocional pela via do trabalho, que a cultura do consumo emergente começou a se apresentar não apenas como a resposta necessária ao escoamento de mercadorias da revolução industrial, mas, igualmente, como a oportunidade de escape, fosse pelos próprios objetos disponibilizados, fosse pelo espaço encantado dos lugares para consumo. Nesse quesito, o filósofo alemão Walter Benjamin lembra o papel que tiveram as exposições nacionais e, principalmente, as universais, centros de "peregrinação ao fetiche mercadoria" e espaço para diversão das classes trabalhadoras antes que se formasse a "indústria da diversão" (Benjamin, 1991:35), assim como as galerias parisienses — precursoras das lojas de departamentos —, descritas pelo filósofo como "centros comerciais de mercadorias de luxo", resultado do florescimento do comércio têxtil da primeira metade do século XIX (Benjamin, 1991:31) e objeto de grande admiração por seus contemporâneos.

Na luta pela diferenciação social e em busca do afrouxamento dos controles para o qual o mundo do consumo convidava, burgueses e trabalhadores — o indivíduo moderno — começavam, de fato, a ganhar a nova forma identitária do consumidor em fins do século XIX. Embora ainda não estivesse claro, esse indivíduo moderno começava a ser moldado no contexto de um mundo que também já se configurava segundo a lógica da mercadoria, em que as relações sociais e os elementos culturais passaram a ser continuamente ressignificados a partir da necessidade da realização do valor, via consumo. As lojas de departamentos demonstram bem o que foi esse esforço de construção do consumidor. Seus inventores — entre os quais se destaca a figura de Aristide Boucicault, criador daquele que é considerado o primeiro grande magazine de Paris, o Bon Marché — foram capazes de farejar esse espírito de época.

Essas práticas, que já vinham sendo adotadas de forma intuitiva por aqueles que poderiam ser considerados seus pioneiros, tornaram-se objeto de novas disciplinas, ou seja, tornaram-se objeto de um "saber". Entre essas novas disciplinas que se tornaram centrais para a constituição da cultura do consumo, encontram-se as relações públicas e o marketing. Para a constituição de ambas, outros saberes contribuíram, entre eles, em especial, a psicanálise e a psicologia que, como veremos, ganharam uma feição e uma função próprias naquela que moldaria o que o mundo passou a entender como cultura do consumo: a sociedade norte-americana.

As relações públicas e a ressignificação da cultura na produção do consumidor norte-americano

> Se a imprensa não existisse, seria preciso não inventá-la; mas aí está, dela vivemos. E dela os senhores morrerão[...] não veem que a superioridade das massas, supondo-se que os senhores as esclareçam, tornará a grandeza do indivíduo mais difícil?
>
> (Balzac, 2007:354)

"Produzir consumidores, esses seres especiais que não necessitam daquilo que desejam e não desejam aquilo de que necessitam." Essa frase, atribuída a Edward Bernays por André Gorz (2005:48), resume bem o que era o desafio da formação da cultura do consumo em solo americano, no início do século XX. Em um livro intitulado *Propaganda*, Bernays (1928:63, tradução livre) assume que "fazer clientes é o novo problema". Nesse livro, o autor explica como criou uma nova profissão, que nomeou de *"public relations"*,[14] cuja função era auxiliar as organizações a produzir consumidores. Sendo sobrinho do psicanalista vienense Sigmund Freud, e tendo acesso

---

[14] Curiosamente, embora tenha criado o termo *public relations* para definir essa nova profissão, Bernays insistiu em publicar seu livro com o nome *Propaganda*. Talvez tenha agido assim por esse termo ser o mais conhecido na época, embora em uma de suas últimas entrevistas — reproduzida no documentário "The century of the self", de Adam Curtis (2002) — Bernays tenha assumido que criou o termo *public relations* justamente porque a palavra "propaganda" já estava sendo compreendida de forma muito negativa, em função de seu uso pelos nazistas. Em seu livro, Bernays resgata as origens da palavra propaganda — ligada à propagação de ideias religiosas — até seu uso recente (lembro que seu livro foi escrito em 1928), quando passou a ser aplicada a qualquer instituição ou esquema para propagar uma doutrina ou sistema (Bernays, 1928:22). Nessa lógica, não há mesmo diferença entre os termos propaganda e *public relations*. Opinião similar tem o historiador norte-americano Stuart Ewen (1996), que resgatou a história das relações públicas nos Estados Unidos.

direto à teoria desenvolvida pelo criador da psicanálise, Bernays acreditava na importância que esse novo campo do conhecimento teria no processo de produção de consumidores, na medida em que apelasse ao poder ilimitado do desejo humano. Por isso, Bernays propunha que para instigar a compra era preciso focar não nas necessidades das pessoas, no seu lado racional, mas nas suas fantasias e nos seus desejos muitas vezes inconfessáveis. Tendo em vista que uma consideração central em psicanálise é que o desejo é produzido pela cultura, a ideia básica de Bernays era a de dar forma ao desejo humano mediante sua associação a objetos de consumo.

Edward Bernays começou a exercer o trabalho de relações públicas nos Estados Unidos nas primeiras décadas do século XX, exatamente as mesmas que também veem despontar o marketing como uma nova disciplina muito importante em uma economia às voltas com o desafio de encontrar saídas para o escoamento da produção industrial. Mas a disciplina de relações públicas desenvolvia-se de forma independente do marketing. Seu papel central estava na interferência direta na cultura de uma época,[15] ressignificando-a segundo a lógica do consumo. E ressignificação — o ato de mudar o significado de uma experiência, acontecimento ou palavra — é um conceito-chave aqui.

Para isso, Bernays pôde contar com o poderoso papel cultural que a psicanálise exerceu na sociedade americana nas primeiras décadas do século XX. Ainda está para ser completamente analisada a profunda relação entre psicanálise e consumo na formação da cultura do consumo nos Estados Unidos, conforme discutiremos melhor na parte final deste livro. Mas estudos como o do historiador americano Eli Zaretsky (2006) vêm possibilitando uma compreensão melhor do efeito gigantesco que teve a junção de psicanálise com consumo, ou entre as aspirações de desenvolvimento pessoal, que

---

[15] Em entrevista dada a Ewen (1996), Bernays afirmou que o papel das relações públicas é criar e projetar interpretações críveis da realidade.

a psicanálise instigou, e necessidades de escoamento da produção oriunda do desenvolvimento do capitalismo industrial. Embora a psicanálise tenha emergido em solo europeu, mais precisamente em Viena, em fins do século XIX, foi nos Estados Unidos que ganhou uma feição própria, o que possibilitou que se tornasse uma das precursoras da nascente cultura do consumo naquele país. Conforme já apontei anteriormente, os Estados Unidos foram o grande protagonista da segunda revolução industrial. Foi lá que se deu a criação da "corporação verticalmente integrada, uma corporação que organizava não apenas as matérias-primas e a produção, mas também a publicidade, a comercialização e o consumo" (Zaretsky, 2006:18). Mas o protagonismo da psicanálise aparece em outra grande transformação oriunda da segunda revolução industrial, que foi também uma espécie de segundo tempo na revolução das mentalidades: a emergência da busca por uma noção de vida pessoal singular. Pois se a revolução nas mentalidades resultante da dupla revolução, conforme pudemos ver, configurou uma nova abertura para o pertencimento do sujeito ao seu meio social, por outro lado provocou a busca por outros tipos de referências estáveis, o que se configurou no que ficou denominado "a família burguesa". Chegara o momento no qual era preciso libertar-se do jugo da família e se tornar um indivíduo singular.[16]

Nenhum conhecimento, até então, havia investido tão pesadamente na "desfamiliarização, a libertação de imagens de autoridade inconscientes originalmente baseadas na família", como a psicanálise. Por isso, afirma Zaretsky, a psicanálise foi "a primeira grande teoria e prática da vida pessoal" (Zaretsky, 2006:14-15). A socióloga da cultura Eva Illouz (2011) chega a afirmar que se pudesse escolher uma data e um local para o nascimento do que

---

[16] Durante a primeira revolução industrial, "as pessoas ainda tendiam a atrelar o próprio destino ao de uma comunidade; a segunda, pelo contrário, foi marcada pela noção de uma vida pessoal singular e por mudanças revolucionárias na natureza da família" (Zaretsky, 2006:18).

denomina "cultura afetiva" nos Estados Unidos, seria a chegada de Freud, em 1909, àquele país e suas conferências na Universidade de Clark. Illouz mostra como as conferências de Freud tiveram um enorme impacto na sociedade norte-americana e como tiveram eco na nascente e intensiva cultura do consumo que, por sua vez, já envolvia o cinema e a indústria de aconselhamento.[17]

Bernays estava ciente de todas essas transformações culturais. Compreendia bem o solo fértil no qual florescia a nascente cultura do consumo e o papel que os escritos e ensinamentos de Freud poderiam exercer. E de todos os muitos trabalhos que executou com o auxílio da psicanálise, ao longo de sua atuação como profissional de relações públicas, há um que é paradigmático: a maneira como levou as mulheres norte-americanas a fumar, em especial a fumar em público, ao produzir imagens que ligavam o fumo à liberdade feminina.

Analisemos, primeiro, o contexto econômico no qual isso ocorreu. Um representante da indústria local de tabaco, pressionado diante da necessidade de utilizar toda a capacidade produtiva dessa indústria, procurou Bernays para solicitar que o mesmo pensasse em como quebrar o tabu masculino de que mulheres não devem fumar, nem em casa, nem em público. Do ponto de vista do capitalismo, quando se é um fabricante de cigarros, "é lamentável que a metade da humanidade, as mulheres, não tenha direito de fumar em público. Perde-se com isso muito dinheiro" (Dufour, 2013:178).

Bernays contratou os conhecimentos de um psicanalista, um dos primeiros a atuar em território norte-americano — Abraham Arden Brill —, que constata a associação que a mulher faz entre o cigarro e o poder masculino. E sugere a Bernays que, "se fosse

---

[17] Outro autor que também reconhece a profunda influência freudiana na cultura norte-americana é Carl Schorske (1988), indicando, também, por que foi nos Estados Unidos, e não em Viena ou em outra parte da Europa, que essa interpretação da psicanálise, pela nascente cultura do consumo, pôde florescer.

possível ligar o cigarro a uma forma de contestação desse poder, as mulheres fumariam" (Dufour, 2013:179). Tal interpretação não se dá por acaso. Estamos em 1929, década marcada por muitas reivindicações e conquistas feministas, entre as quais a do direito ao voto, em 1920, nos Estados Unidos. O cigarro, assim como vários outros objetos e práticas — como trabalhar fora de casa — pertenciam, de fato, ao universo masculino.

Esse era o momento histórico no qual a psicanálise contribuía para reestruturar aquela que seria a segunda promessa do Iluminismo: a emancipação feminina (Zaretsky, 2006). Do ponto de vista da influência da psicanálise na cultura, ela tinha esse aspecto liberatório para as mulheres. E foi munido desse conhecimento que Bernays desenvolveu toda sua estratégia de atuação, qual seja, criar um evento no qual pudesse promover o cigarro entre as mulheres. Isso aconteceu por ocasião do tradicional desfile no Dia de Ação de Graças, em Nova York, nos Estados Unidos.

> Bernays havia contratado algumas mulheres representativas desse público feminino mais emancipado e informou-se à imprensa que um grande acontecimento iria se produzir [...] vinte moças elegantes tiraram cigarros e isqueiros de suas bolsas e acenderam suas simbólicas *freedom torches*. O cigarro havia-se tornado então o símbolo da emancipação feminina [Dufour, 2013:49].

Esse "acontecimento cultural" (Dufour, 2013:180) ocorreu em 31 de março de 1929. E o que Bernays fez foi lançar mão de certo desejo de época: o desejo feminino por liberdade, por igualdade de direitos. Considerando que até então as mulheres não podiam fumar em função de um tabu, concluiu que era possível fazer "uma associação ilusória do cigarro com a emancipação da mulher" (Dufour, 2013:179).[18] Segundo o filósofo Dany-Robert Dufour,

---

[18] É interessante discutir por que ilusória, pois, se por um lado fumar parecia uma conquista efetiva frente a um tabu masculino, no nível político e privado as

"todo o espírito do novo capitalismo do consumo pode ser lido nesse ato inaugural de Bernays". O que Bernays fez, ainda segundo Dufour (2013:180), foi apresentar o modelo que se tornou padrão no desenvolvimento da cultura do consumo: "a oferta de liberação feita ao consumidor, apresentada como algo que atenderia a uma demanda, eventualmente inconsciente".

Nesse exemplo, evidencia-se o papel das relações públicas em promover uma mudança de mentalidade e de um modo de vida, atuando diretamente na cultura. A "propaganda moderna" — afirma Bernays (1928:25) em referência às relações públicas —, é "um esforço consistente e permanente de criar ou moldar eventos para influenciar as relações entre o público e uma empresa, uma ideia ou um grupo". Entenda-se que gerar um acontecimento requer que se crie uma notícia. Bernays ressalta que o evento por ele promovido ao colocar mulheres fumando em um tradicional feriado de Nova York gerou uma enorme repercussão na mídia impressa, com todos os jornais americanos se referindo a isso no dia seguinte.[19] Por isso, Bernays é considerado o criador do *spin*, fenômeno que consiste em produzir um evento ou disseminar uma ideia, apresentando-o como sendo algo presente na realidade. Para Dufour (2013:179), o *spin* consiste, na verdade, na "manipulação de notícias, dos meios de comunicação, da opinião pública, dos sentimentos, dos afetos e outros elementos da *doxa*".

---

mulheres ainda continuaram enfrentando diferentes tabus acerca do seu lugar no mundo: no trabalho, no salário, no cuidado com os filhos, entre outros, em especial na década em questão. Toda a questão, aqui, é que o consumo tende a equalizar as diferenças pelo imaginário — questão que exploraremos melhor adiante.

[19] Detalhes desse "experimento" de Bernays podem ser vistos no documentário "The century of the self", de Adam Curtis (2002), para a rede BBC, assim como em depoimento de Bernays, em vídeo, disponível *online* no Museu de Relações Públicas. Em outro vídeo disponibilizado pelo museu, "The making of bacon and eggs as the all-American breakfast", Bernays conta como, com a "encomenda" de vender mais *bacon*, utilizou-se dos conhecimentos médicos — que afirmavam a necessidade do corpo de recuperar a energia perdida durante a noite — para mudar o hábito americano de tomar café da manhã (www.prmuseum.org/videos/).

Assim, o desafio de Bernays como um prático e teórico das relações públicas era exercer um poderoso papel junto aos grandes setores da economia — por exemplo, a indústria de cigarros — a fim de que, com seu engenhoso conhecimento das "motivações inconscientes" de uma sociedade, pudesse produzir desejos antes inimagináveis, como o de fumar, no caso das mulheres. E por que isso funcionaria? Bernays diz que embora nós desejássemos acreditar que cada cidadão cria suas próprias ideias e opiniões sobre questões públicas e matérias de condutas privadas, na prática isso não ocorre, já que, se todos nós tivéssemos de analisar, por nós mesmos, os difíceis dados de compreensão do mundo econômico, político e até mesmo de uma atuação ética, seria impossível se chegar a uma decisão. Portanto, o campo das escolhas não está livre de certa manipulação. E isso provaria o vasto e contínuo esforço de capturar nossas mentes no interesse de alguma política, ideia ou mercadoria. Daí por que, ainda segundo o autor, em tese todos compram o melhor e o mais barato produto oferecido no mercado. Mas não é assim que o mercado funciona, o que fica evidente a partir das dezenas de fábricas de sabonetes ou marcas de pão à venda.

Ao analisar a "psicologia das relações públicas" — um dos capítulos do seu livro *Propaganda* —, o autor centra o foco no estudo da "psicologia das massas". Referindo-se a autores clássicos no estudo da mente grupal, como Gustave Le Bon e, posteriormente, Walter Lippman, Bernays analisa como a propaganda foi bem-sucedida em incorporar em seus estudos a psicologia das massas, assim como discorre sobre a importância da crença de um grupo em um líder, que já se mostrava um dos princípios mais firmemente estabelecidos no estudo da psicologia das massas.

Bernays ressalta que, ao falar da influência do grupo, não está assumindo que todos devam estar juntos em um encontro público para serem influenciados. Ao contrário, diz ele que, sendo um ser gregário, um indivíduo se sente membro de um grupo mesmo estando sozinho. E quando planeja realizar algum ato de compra, esse indivíduo o faz não com base em seu único e próprio julgamento, mas a partir de uma miscelânea de imagens e discursos impressos em sua psique por influências externas que, muitas vezes inconscientemente, comandam suas ações. E por isso o autor evidencia, no que diz respeito à propaganda, o papel central do "formador de opinião" como uma autoridade ou um líder.

A esse respeito, Bernays dá o seguinte exemplo: suponha que um determinado produtor deseje vender mais *bacon*. Em vez de usar a velha técnica psicológica de repetição de um estímulo para criar um hábito — do tipo "coma *bacon*, coma *bacon* porque é barato, é bom, dá energia" — o "novo" vendedor, apoiado no entendimento da estrutura grupal da sociedade e nos princípios da psicologia de massas, se perguntaria: "Quem influencia os hábitos do público?" Para o autor, a resposta, obviamente, seria o médico.[20] Logo, o novo vendedor deveria influenciar os médicos a dizerem, publicamente, que é saudável comer *bacon*. Nesse caso, diz o autor, é preciso levar em conta a relação de dependência dos homens com alguma autoridade.

Vê-se, assim, que Edward Bernays exerceu um papel central na moldagem dessa nova disciplina chamada "relações públicas". Um dos mais destacados historiadores dessa disciplina nos Estados Unidos, Stuart Ewen, conta que, ao iniciar a pesquisa para seu livro "*PR!: A social history of spin*" (1996), no qual buscava elucidar as raízes históricas e sociais do papel das relações públicas em nosso mundo, a partir da história americana, procurou conhecer melhor a participação de Bernays que, segundo ele, foi pioneiro no exercício das relações públicas, tornando-se um dos profissionais mais influentes dessa profissão. Ewen argumentou que, embora a biografia de Bernays fosse pouco conhecida,[21] ele deixou uma marca profunda na configuração do nosso mundo.

---

[20] Bernays fala do início de uma era extremamente preocupada com questões de saúde e de higiene, que poderiam ser apoiadas pelo conhecimento científico, nesse caso, o conhecimento médico.

[21] Bernays foi indicado como uma das 100 pessoas mais influentes do século XX, segundo *ranking* da revista *Life Magazine*, feito na década de 1990. Em razão disso,

Certamente Bernays não foi o único a atuar a partir dessa nova disciplina,[22] mas ele é tomado, aqui, como exemplo do papel fundamental que as relações públicas exerceram na formatação da cultura do consumo no início do século XX e, em especial, para mostrar a maneira como o consumo funciona, uma vez que aspectos culturais de uma época são ressignificados à luz dos objetos a serem consumidos. Nesse sentido, fica também evidenciado o papel fundamental que a mídia passava a ter na configuração dessa nova cultura.[23]

O surgimento dos estudos do comportamento do consumidor, do marketing e o lugar do anúncio comercial (*advertising*)

> *Até que, finalmente, o espírito da criança*
> *seja essas coisas sugeridas, e que a soma*
> *dessas sugestões seja o espírito da criança.*
> *E não somente o espírito da criança.*
> *Mas também o adulto, para toda a vida.*

em uma entrevista que fez com Bernays, Ewen (1996) questionou por que ele era tão pouco conhecido do público norte-americano. Bernays afirmou que tinha de ser assim; que o profissional de relações públicas deve trabalhar em silêncio, que idealmente ele deve ser quase invisível, pois é agindo assim que as coisas podem funcionar.

[22] A esse respeito, remeto o leitor ao excelente trabalho de Stuart Ewen (1996), que traça um importante panorama histórico sobre a atuação de diferentes profissionais de *public relations*, nos Estados Unidos, ao longo do século XX. Ainda é importante observar que, para os propósitos deste livro, o foco no papel das relações públicas (RP) está voltado para a maneira como essa profissão foi utilizada para disseminar uma ideia de consumo ou um produto. Há outra vertente de RP, nascida no mesmo período, cuja estratégia era trabalhar na melhoria da imagem corporativa. A esse respeito, ver o livro de Rolland Marchand (1998). Obviamente, ambas as correntes são complementares e ajudaram a criar e fortalecer a cultura do consumo.

[23] No livro *The image*, originalmente publicado em 1961, Daniel Boorstin (1982) analisa o trabalho de relações públicas como criador de pseudoeventos. E mostra o papel fundamental da mídia nesse processo, desde a revolução da imprensa.

O espírito que julga, e deseja, e decide, constituído por essas coisas sugeridas. Mas todas essas coisas sugeridas são aquelas que nós sugerimos, nós!

(Huxley, 2001:61)

Há uma querela das origens no que diz respeito ao marketing. Há toda uma tradição da história do pensamento em marketing que atribui a origem dessa disciplina ao campo da economia, assim como há outra perspectiva, da sociologia da publicidade, que vê o marketing como nascendo da prática do *advertising*.[24]

Da perspectiva da história do pensamento em marketing, a querela das origens ainda se desdobra entre aqueles que acreditam que o marketing teria nascido já nas décadas finais do século XIX e os que acreditam que o marketing só teria mesmo existido a partir da segunda metade do século XX. Isso porque a compreensão sobre o que é o marketing também é ampla, envolvendo "desde o esforço de entender como chegar ao cliente (através, basicamente, do que hoje é conhecido como distribuição), até o de entender o consumidor individual e fornecer os meios para as empresas atenderem aos

---

[24] O termo em inglês *advertising* será utilizado, nesta seção, conforme descrito pela American Marketing Association (AMA), que em seu dicionário dos termos em marketing, assim o define: "a veiculação de anúncios e mensagens persuasivas no tempo ou espaço comprados em qualquer mídia de massa pelas empresas, organizações não governamentais, agências do governo e indivíduos que procuram informar e ou persuadir membros de um particular nicho de mercado ou audiência acerca de seus produtos, serviços, organizações ou ideias" (disponível em: www.marketingpower.com/live/mg-dictionary.php. Acesso em: 16 fev. 2007). Neste livro, estou usando o termo "anúncio comercial" como uma tradução possível para o português que, no entanto, tem traduzido o *advertising* como propaganda. Ainda tomando por base o referido dicionário, consta a seguinte definição de propaganda: "as ideias, informações ou outro material comumente disseminado através da media em um esforço de convencer as pessoas sobre uma dada doutrina ou ponto de vista". Para uma maior digressão acerca da confusão dos termos em língua portuguesa, ver o artigo de Simões (2006): "A publicity e a publicidade (para além da propaganda)".

anseios desses consumidores" (Pereira, 2000:9-10). Nesse sentido, um ponto que marcaria o nascimento da disciplina seria o da problemática da distribuição, ou seja, o momento no qual haveria um desequilíbrio entre a oferta e a demanda. Essa perspectiva corrobora minha interpretação da cultura do consumo como sendo em parte constituída a partir dos resultados da Revolução Industrial e do excesso de mercadorias dela decorrente, em um contexto de uma sociedade capitalista.

Essa, por exemplo, é a interpretação de Duddy e Revzan (apud Pereira, 2000:9), que

> apontam para a existência da prática de marketing em momento anterior ao século XX devido ao aumento de produção causado pela Revolução Industrial, à crescente urbanização do mundo ocidental, ao aumento de produção de produtos agrícolas e, finalmente, à grande divisão do trabalho que surge após a Revolução Industrial.

Embora Duddy e Revzan estejam se referindo à prática do marketing, o que precede sua teorização, deve-se destacar que, nas décadas iniciais do século XX, o marketing já aparecia como uma disciplina junto a pensadores do mundo acadêmico, notadamente no campo da economia. Por isso, segundo o economista Roger Mason (1998), o marketing nasceu como campo acadêmico independente na primeira década do século XX, a partir da sua separação da economia, quando teria buscado compreender melhor os mecanismos psíquicos subjacentes à compra. Mason conta que o marketing teria sido, até 1910, apenas uma disciplina do campo da economia neoclássica e que seu nascimento como campo acadêmico próprio está profundamente imbricado ao momento no qual era preciso criar uma demanda própria para o consumo. Nas palavras de um dos pioneiros práticos dessa disciplina (Shaw, 1912 apud Dawson, 2005:64), somente nos anos recentes, quando o desenvolvimento da produção (potencialmente superior ao mercado disponível) vem mudando a ênfase para a distribuição, tem o homem de negócios se tornado um pioneiro na fronteira dos desejos humanos. Hoje, o homem de negócios progressista está à procura das necessidades inconscientes do consumidor, está produzindo bens para gratificá-lo, está capturando a atenção do consumidor para a existência de tais produtos e, para atender a essa demanda, quando ela se torna real, está levando os bens até o consumidor.[25]

Essa afirmação de Shaw mostra, claramente, o desafio que se colocava para os homens de negócios no momento em que começava a haver uma oferta de mercadorias maior do que a demanda por elas. E deixa claro como tal desafio também estava estimulando o pensamento dos primeiros acadêmicos de marketing. Assim, o marketing teria se separado da economia justamente ao postular uma compreensão do consumidor de forma diferente daquela em que a economia neoclássica acreditava, baseada na noção de um ser dotado de uma racionalidade formal, apoiado pela noção de utilidade. Dessa perspectiva, o economista e sociólogo Thorstein Veblen (1988) pode ser considerado um precursor do marketing, uma vez que, em um livro originalmente publicado em 1899,

---

[25] O historiador Colin Campbel (2001) inverte essa tese ao afirmar que foi o desejo de consumo, em especial das camadas sociais que não tinham acesso a bens considerados de luxo, que teria provocado a Revolução Industrial. Essa tese, no entanto, não anula a interpretação central deste livro, de que a cultura do consumo, como instituída em fins do século XIX, deve-se ao excesso de produção de mercadorias que foi possível graças à Revolução Industrial e à lógica da acumulação. Mesmo que gradualmente o acesso a bens e serviços tenha se massificado em função do aumento de produtividade, resultado da Revolução Industrial, possibilitando um maior acesso a mercadorias antes apenas disponíveis aos muito ricos, isso não chegou a atender a todos, ao mesmo tempo que o consumo passou a ser um meio de diferenciação social, buscando criar distância entre os grupos sociais. O excesso no consumo foi estimulado para gerar outro tipo de excesso — de capital —, a ser acumulado, e, conforme o filósofo francês George Bataille (2005), o que define uma sociedade é o que ela faz com o excesso.

apontou os limites da teoria do "valor-utilidade" dos neoclássicos e postulou a necessidade de se pensar o valor simbólico dos bens, portanto, o consumo como um ato social. Ao escrever sobre o consumo conspícuo, esse autor fez ver toda a importância de se considerar a questão da emulação, da distinção, da busca por diferenciação ao analisar comportamentos ligados ao consumo.

Em que pese a importância de Veblen na constituição do marketing como um campo acadêmico próprio, a ciência mais aclamada por esse campo na compreensão do comportamento do consumidor foi a psicologia. Isso aparece claramente entre os acadêmicos pioneiros da Associação Americana de Marketing, quando da publicação, no *Journal of Marketing*, do artigo intitulado "Bases for the study of consumer demand", escrito pelo professor da Escola de Administração da Universidade de Harvard, Harry Tosdal (1939, originalmente publicado em 1930). Nele, o autor afirmava que os economistas acadêmicos especializados em marketing estavam sendo incapazes de considerar a importância central do consumo em seus trabalhos. Nas palavras de Mason (1998:145): "Com exceção da psicologia, a qual estava, na visão de Tosdal, contribuindo substancialmente para um melhor entendimento da demanda do consumidor, economistas pareciam incapazes de endereçar essa questão".

Tal debate pode remontar ainda a uma época anterior, qual seja, ao lançamento do livro do economista Simon Patten (1889) — *The consumption of wealth* —, no qual esse autor insistia que os economistas estudiosos do campo do consumo deveriam ser melhor informados sobre a moderna psicologia caso precisassem explicar claramente o comportamento das pessoas diante da necessidade de fazerem escolhas.

Portanto, embora reconhecida como uma questão central, a pergunta "por que as pessoas compram" teria sido, nas palavras de Mason (1998:146), perseguida inicialmente não por economistas acadêmicos, mas por psicólogos que, nas décadas posteriores a 1910, continuaram a explorar os processos individuais mentais dos consumidores e a aplicar os princípios de psicologia ao *advertising* e às vendas. Esse interesse dos psicólogos na pesquisa sobre o comportamento do consumidor levou à formação da Association for Consumer Research, oriunda do rompimento de um grupo de cientistas behavioristas no interior do campo acadêmico do marketing que, vendo-se crescentemente frustrados com a relativa negligência da pesquisa de consumo dentro da disciplina, resolveu fundar seu próprio grupo. Isso pode ser confirmado por Piirto (1991 apud Dawson, 2005:65), que informa:

> Entre 1900 e 1930, havia pouco menos do que meia dúzia de psicólogos práticos comerciais, enquanto no final dos anos 1930, pelo menos seis livros acadêmicos sobre técnicas de pesquisa de mercado tinham sido publicados [...] Antes da Segunda Guerra, a pesquisa de mercado estava envolvida principalmente com dimensionamento, através de técnicas de pesquisa de campo e análise econômica. Precisão na amostragem era fundamental; pouca atenção era dedicada a considerações psicológicas.

Para o sociólogo francês Gerard Lagneau (1981), o nascimento do marketing está vinculado ao *advertising*, nos Estados Unidos, visto que teria sido a busca por uma melhor compreensão do consumidor para um anúncio comercial mais efetivo que levou o campo do *advertising* a buscar o aprimoramento desse conhecimento através das pesquisas sobre o comportamento do consumidor. Segundo Lagneau (1981:18), foi na década de 1930, após a Grande Depressão, que se delineou melhor uma evolução geral das economias ocidentais que promoveu, entre outras consequências, uma mutação do *advertising*: "ele se afasta cada vez mais dos procedimentos que lhe valiam a pecha de 'violação das multidões', para começar a auscultar os seus públicos". Esse seria o ponto de inflexão histórica em que "a ideologia produtivista dá lugar à ótica do consumidor [...] [e]

ao marketing, *palavra de origem inglesa que designa a tendência das práticas comerciais a racionalizar-se em função do mercado*" (Lagneau, 1981:18, grifo meu). Tal fato teria levado a uma cientificização das práticas de pesquisa, através do uso de técnicas estatísticas e de diferentes teorias a respeito do comportamento do consumidor. É nesse sentido que Lagneau (1981) entende que o marketing teria surgido, de fato, a partir do interesse pela pesquisa sobre o comportamento do consumidor no contexto do *advertising*. Ou seja, antes do marketing como hoje é conhecido, teria havido o *advertising* como um campo próprio de atuação, e teriam sido os Estados Unidos os pioneiros dessa prática, "com jornais diários repletos de anúncios desde 1832 e com agências a partir de 1840" (Lagneau, 1981:14).[26] Partindo dessa constatação, Lagneau afirma que "o marketing nasceu do *advertising*", quando este último procurou se basear em estudos científicos sobre o consumidor para poder veicular seus anúncios. Portanto, dessa perspectiva, os anos 1930 marcariam o surgimento da pesquisa sobre o consumidor e, por consequência, do marketing, enquanto herdeiro direto do *advertising*.

Para os propósitos deste livro, o mais importante em meio à querela das origens é entender que, na fundação do marketing como uma disciplina acadêmica, a questão do comportamento do consumidor teve um papel central e que, nesse contexto, o *advertising* aparece como um elemento fundamental no processo de configuração da cultura do consumo do século XX, em especial nos EUA. E se olharmos para algumas publicações dessa época, como Brisco

---

[26] Segundo o historiador Daniel Pope (1983), foi a partir da década de 1880 que se observou uma mudança na relação, até então bastante negativa, entre jornais e anunciantes. Por esse mesmo período também começaram a se destacar novos tipos de revistas, geralmente voltados ao público feminino. Embora tivessem por função inicial serem "consumidas" por si mesmas, acabaram se tornando também veículos importantes de anúncios de produtos (Michèle Bogart, 1995). Vê-se, assim, o papel que essas duas instituições culturais — jornais e revistas — tiveram na formatação da cultura do consumo desde seus primórdios. Para uma análise mais detalhada dessa literatura, ver Durand (2015).

(1917) — *Fundamental of Salesmanship*; Cherington (1976) — *Advertising as a Business Force*, publicado originalmente em 1913; Hollingworth (1920) — *Advertising and Selling*, publicado originalmente em 1913; Tipper (1915) — *Advertising: its Principles and Practices* e, principalmente, as publicações de um dos grandes expoentes da relação entre psicologia e *advertising*, Walter Dill Scott[27] (1903, 1910, 1914), de fato, o *advertising* foi um grande foco de atenção para a compreensão do comportamento do consumidor no sentido de dirigir a ele as melhores mensagens.

Cabe aqui, também, uma referência ao psicólogo behaviorista John Broadus Watson, que depois de uma intensa e crescente carreira acadêmica na defesa dos princípios da ciência comportamental, começou a trabalhar, na década de 1920, na agência de *advertising* norte-americana J. Walter Thompson, onde teve uma carreira bem-sucedida em seu interesse em ajudar a resolver os "problemas" do entendimento do consumidor que a ascensão do capitalismo corporativo intensificara. Na bibliografia escrita por Buckley (1989) — professor americano de história da psicologia —, intitulada *Mechanical man: John Broadus Watson and the begining of behaviorism*, Watson é retratado como um dos mais influentes psicólogos americanos de sua geração, que ingressou no mundo do *advertising* após sua saída da Universidade Johns Hopkins, passando a aplicar seus conhecimentos de psicologia comportamental ao entendimento do comportamento do consumidor, tornando o behaviorismo uma palavra familiar nesse meio. Usando os mesmos princípios teóricos do behaviorismo, aplicados à manipulação dos processos de aprendizagem humana, Watson proferiu: "o consumidor é para o fabricante, a loja de departamentos e a agência de *advertising* o que a rã ingênua é para o fisiologista" (Buckey, 1989:137).

---

[27] No já mencionado livro *Selling Mrs. Consumer*, sua autora, Christine Frederick, nos conta que teve aulas na década de 1920, na Northwestern University, com Walter Dill Scott, considerado por ela o primeiro psicólogo a conduzir estudos sobre a psicologia do *advertising*.

Já em seu livro *The Consumer Trap*, o sociólogo Michael Dawson (2005) utiliza-se de outra analogia do reino animal — a do efeito piranha — para enfocar a importância do marketing na formatação de uma sociedade e de uma mentalidade de consumo. Referindo-se aos estudos de zoólogos sobre o comportamento das piranhas na América do Sul, o autor argumenta que embora as piranhas tenham dentes muito afiados e cortantes, individualmente elas não apresentam muita ameaça a outros organismos que atravessem seu caminho. Mas elas podem ser profundamente devoradoras quando atacam como grupo.

Para Dawson, esse efeito piranha fornece uma poderosa explicação para a influência do marketing dos grandes negócios nas vidas cotidianas das pessoas, o que, para o autor, é consequência de um forte investimento das grandes corporações no sentido de estarem constantemente apoiando a invenção e o refinamento de sofisticadas técnicas de pesquisa voltadas para a captação do comportamento determinante que leva ao ato de compra. Isso teria gerado um crescimento exponencial de investimentos corporativos que pudessem levar o "estímulo de marketing" a todas as esferas da vida, cercando as pessoas de uma grande quantidade de mercadorias e reforços efetivos de formas de viver prescritos pelas corporações. E como esse padrão de exposição ao estímulo de marketing é renovado o tempo todo, isso exerce sobre o comportamento um efeito bola de neve, com as vidas pessoais tornando-se crescentemente inscritas sob os efeitos da exposição presente e passada às campanhas de marketing.

Referindo-se a algumas marcas surgidas entre as décadas finais do século XIX e o início do século XX, e de suas estratégias de marketing, Dawson reforça sua ideia ao mostrar como a Coca-Cola, as sopas Campbell e a Kraft alteraram a rotina de preparar refeições, de comer e de beber. Tais exemplos poderiam se multiplicar *ad infinitum*, demonstrando como as campanhas de marketing, em conjunto, reforçam o nível e a intensidade dos ambientes e do comportamento individual de consumo, em qualquer tempo e o tempo todo. Daí por que o efeito agregado do marketing corporativo sobre as vidas individuais seria similar ao "efeito piranha".

A analogia desse sociólogo remete à história da formação da cultura do consumo, tomando o marketing como produto e protagonista dessa empreitada. Afinal, o que Dawson deixa entrever é a história de como o marketing dos grandes negócios foi se tornando o ator principal de uma nova configuração cultural que foi transformando a paisagem americana — com centros de compras e rodovias progressivamente suplantando os espaços públicos, como parques, livrarias, trilhos de trem e desertos —, bem como foi moldando a experiência individual para que cada um tomasse os objetos de consumo como modo e referência de vida. Tal constatação também feita por Jeremy Rifkin, que, em uma reconstituição histórica da formação da cultura do consumo americana, afirma que, na década de 1920, a "comunidade empresarial americana decidiu modificar radicalmente a psicologia que havia construído uma nação" e, com isso, "o marketing, que até então havia desempenhado um papel secundário nos negócios, assumiu nova importância. Da noite para o dia, a cultura do produtor transformava-se na cultura do consumidor" (Rifkin, 1995:20).

Pois se no início do século XX a maioria dos americanos ainda consumia produtos fabricados em casa, era necessário transformá-los em consumidores de produtos fabricados industrialmente. Para isso, os anúncios comerciais tiveram um papel central, ao denegrirem os produtos caseiros e exaltarem os produtos feitos a máquina, através de anúncios que enfocavam um estilo de vida urbano, moderno, que demandava a comodidade que os produtos industriais poderiam fornecer. Havia, também, um trabalho corpo a corpo junto aos pontos de venda dos produtos fabricados em massa, com profissionais de marketing ensinando aos seus alvos como era melhor consumir, em lugar de aveia a granel, caixas de aveia com marcas próprias (Strasser, 1989).

A primeira fase da cultura do consumo (1880-1945)

> *On or about December 1910 human character changed.*
>
> (Woolf, 1924:4)

É necessário sempre desconfiar da atribuição de datas ou períodos para grandes transformações culturais. Mas, ao final desse percurso, é possível afirmar que as décadas finais do século XIX e a primeira metade do século XX constituíram o que considero a primeira fase da cultura do consumo. Essa classificação coincide com o que o filósofo francês Gilles Lipovetsky (2007) nomeou "primeira era do capitalismo de consumo", a era do consumo de massa. Ao caracterizar essa primeira fase, Lipovetsky discorre, inicialmente, sobre as transformações econômicas e sociais que constituíram o que poderíamos chamar de uma sociedade de consumo, entre as quais a formação dos mercados nacionais no lugar dos pequenos mercados — graças ao desenvolvimento da infraestrutura moderna de transporte e de comunicação, principalmente as estradas de ferro — e a produção em grande escala. Mas o autor lembra que o capitalismo de consumo não poderia ser fruto, apenas, desses desenvolvimentos técnicos, que sua constituição também foi fruto de uma construção cultural, com destaque para a invenção do marketing e do consumidor moderno.

Na perspectiva que propus para este livro, também considerei a importância central das relações públicas. Ainda assim, é preciso ter em mente que as relações públicas e o marketing foram parte de um projeto maior, de formação de uma nova mentalidade de consumo. Afinal, para que o consumo pudesse sedimentar uma cultura, foi preciso que certos fatores políticos, sociais e culturais mais amplos concorressem para a formação de certo "espírito de época" que legitimasse uma nova forma de viver, pautada pela lógica do consumo. É isso que mostram os historiadores da sociedade de consumo americana, revelando como foi possível que uma sociedade que vivia sob a lógica da parcimônia e da poupança se voltasse para a gratificação imediata fornecida pelos produtos. Para esse caso, contribuiu enormemente a invenção do "crédito ao consumidor", como demonstrado pelo historiador Calder (1999),[28] sustentando o quanto essa nova invenção social foi determinante para minar as resistências ideológicas de uma cultura assentada na ética do trabalho e do viver a partir dos seus próprios meios.

A história do papel das relações públicas na constituição da cultura do consumo, em especial na americana, mostra, igualmente, como a participação política foi fundamental para que houvesse uma transformação das mentalidades. Portanto, foram vários eventos que, em seu conjunto, deram forma à cultura do consumo em seus primórdios. Isso nos leva a concluir que a história da cultura do consumo pode ser compreendida a partir do momento em que as grandes corporações capitalistas somaram forças com o governo a fim de inaugurarem uma era de fusão entre propaganda e *advertising*, no sentido de aderência a um sistema ideológico que propunha um estilo de vida fundamentalmente moldado pelo consumo. E que esse projeto entre os negócios e a política contou com o apoio imprescindível da psicologia existente na época.[29]

---

[28] A invenção do crédito ao consumidor foi tão fundamental para a cultura do consumo que alguns historiadores chegaram a atestar que ele foi o verdadeiro fenômeno responsável pela existência desse formato cultural (Rifkin, 1995). É importante apontar o quanto, nesse fenômeno, o econômico e o cultural se misturam, já que o crédito, ao mesmo tempo que faz girar mais rapidamente a roda da economia, possibilita a antecipação do que se quer, que estava atrelado ao pagamento necessário à compra ou uso da mercadoria. Antes, era necessário adiar o desejo e, dessa perspectiva, se justifica o quanto a cultura do consumo moldou um consumidor cada vez mais propenso à realização de desejos imediatos.

[29] A esse respeito, cabe menção à história da Coca-Cola, narrada no livro de Pendergrast (1993:152), quando o autor nos diz que "de muitas maneiras, a Coca-Cola representava as grandes empresas da década de 1920 — a era dos primeiros administradores profissionais, que confiavam cada vez mais em advogados, especialistas em relações públicas, pesquisadores de mercado, psicólogos e publicitários".

Para concluir esse período dos fundamentos da cultura do consumo, fecharei com uma longa citação (adaptada) do historiador Jackson Lears (1983), fundamental para a compreensão dessa primeira fase da cultura do consumo. Diz ele que por volta da virada do século XX era possível atestar uma transformação cultural nos segmentos esclarecidos das nações capitalistas ocidentais. Nos Estados Unidos, como em outros lugares, o *ethos* burguês que se guiava pelo trabalho ordenado, pela poupança compulsiva, pela responsabilidade cívica e por uma moral rígida de abnegação tinha começado a dar lugar a um novo conjunto de valores que sancionava o direito ao lazer, ao gasto compulsivo, à passividade política e a uma aparentemente permissiva (embora sutilmente coercitiva) moralidade da realização individual. Essa cultura forjou uma sociedade orientada para o consumo, dividida entre o autocontrole calculado e a gratificação espontânea... E, embora tenha tido um papel fundamental, o *advertising* não pode ser responsabilizado isoladamente por isso. Seu papel na promoção de uma cultura de consumo só pode ser compreendido dentro de uma rede de mudanças institucionais, religiosas e psicológicas. Para prosperar e se disseminar, uma cultura de consumo necessitava mais do que um aparelho nacional de comercialização e distribuição; ela precisava, antes de tudo, de um clima moral favorável. A transformação moral, fundamental, foi a passagem de um *ethos* protestante de salvação pela abnegação, para um *ethos* terapêutico, focado na autorrealização neste mundo secular, autorreferenciado, assentado nas necessidades emocionais modernas.

Mas, à medida que se formatou, a cultura do consumo se tornou, cada vez mais, a propagadora desse novo clima moral, que passou a ter, no *advertising*, seu principal alicerce. É o que veremos a seguir.

II. A CONSOLIDAÇÃO DA CULTURA DO CONSUMO:
do segundo pós-guerra às décadas de transição (1945-1990)

> As mudanças foram além da capacidade de compreensão. Às vezes eu acho que mais coisas mudaram desde 1945 do que em todos os anos da história até então.
>
> (Roth, 1998:415)

Com o término da II Guerra Mundial começava o que Lipovetsky (2007:32) denominou "o modelo mais puro do consumo de massa", o que coincide com o período que ficou conhecido como "as décadas douradas" do capitalismo (1945-1975), caracterizadas por "um excepcional crescimento econômico, pela elevação do nível de produtividade do trabalho e pela extensão da regulação fordista da economia".[30]

Esse também foi o momento de ouro do anúncio comercial (*advertising*), assim como das pesquisas de mercado baseadas em conhecimentos psicanalíticos e comportamentalistas. Isso porque,

---

[30] Embora tenhamos, nos Estados Unidos, o modelo bem mais acabado desse tipo de cultura do consumo, Gilles Lipovetsky, que é francês, sempre analisa, em seus livros, o quanto esse formato cultural também se fez presente em seu país. Em Mello e Novais (1998), temos uma vívida descrição de como esse fenômeno se apresentava no Brasil entre 1950-1979.

ao longo dessa segunda fase, já era possível não apenas produzir em massa os "produtos emblemáticos da sociedade de afluência: automóvel, televisão, aparelhos eletrodomésticos", como, também, já era necessário começar a se investir "na diversificação dos produtos, bem como nos processos, visando reduzir o tempo de vida das mercadorias" (Lipovestky, 2007:32, 34). Ou seja, se de um lado havia uma oferta cada vez maior de produtos, de outro, ficava ainda mais claro que essa afluência de mercadorias não estava à disposição de todos, mas apenas de todos que podiam pagar por eles. Daí a cultura do consumo começar a investir na construção do "imaginário de felicidade consumidora através dos princípios de sedução, do efêmero, da diferenciação dos mercados" (Lipovestky, 2007:34-35). É por isso que, para Lipovetsky, a segunda fase da cultura do consumo é contemporânea das três décadas de expansão do capitalismo fordista, encerrando-se também aí.

Concordo com Lipovetsky que esse é o período no qual a cultura do consumo de massa, com suas correspondentes ferramentas mercadológicas, se tornou hegemônica. Mas também considero, como parte dessa segunda fase, alguns formatos de anúncio e pesquisa que emergiram nas duas décadas finais do século XX (1980-1990), já que tais formatos funcionam segundo a lógica subjacente a esse período, qual seja, o apelo à imagem com o uso de sofisticadas técnicas de pesquisa em busca da compreensão cultural de uma época.

Nessas "décadas de transição" surge, igualmente, o fenômeno do *branding*, que opera a partir da força da marca publicitária. Tal fenômeno é produto de uma transformação ocorrida no final dos anos 1970, com a crise do fordismo e a consequente reestruturação produtiva que daí adveio. Nesse momento, a gestão do consumo passa a informar a gestão da produção. Assim, à semelhança dos novos formatos de pesquisa e anúncio, o fenômeno do *branding* ainda pode ser visto como parte da fase II da cultura do consumo, ao mesmo tempo que ganha novas características com as tendências que serão discutidas na fase III. Por isso, também abordarei o *branding* ainda dentro desse longo período da segunda metade do século XX, no qual estou localizando a segunda fase da cultura do consumo, cujo aspecto central está no valor da imagem. E é sobre esse período que discorreremos agora.

O dispositivo da imagem e o período de ouro do *advertising*

> *A felicidade é o cheiro de um carro novo, um outdoor na estrada dizendo em letras garrafais que tudo que você está fazendo é perfeito, que você vai ficar bem. [...] Você é o produto. Você. Sentindo algo. É isso que vende.*
>
> (McLean, 2011:55, 166)

> *Publicity remains credible because the truthfulness of publicity is judge not by the real fulfilment of its promises, but by the relevance of its fantasies to those of the spectator-buyer. Its essential application is not to reality but to day-dreams.*
>
> (Berger, 1972:146)

O apelo ao consumo através das imagens já existia na cultura do consumo desde seus primórdios. Como vimos, mesmo sem a existência de sofisticadas técnicas de pesquisa, os proprietários das lojas de departamentos compreendiam o "espírito" de sua época ao colocarem a foto de uma duquesa ao lado de um vestido fabricado a máquina, sugerindo que, pelo consumo daquele produto, era possível ser outro. E isso ocorria em um momento em que o próprio objeto produzido como mercadoria já tinha um apelo por si mesmo, ou seja, havia a oferta de novos produtos, oriundos de uma forma de fabricação não mais artesanal, mas industrial, que, até então, não estavam acessíveis à população em geral.

Assim, a primeira fase da cultura do consumo resultou no investimento do desejo pelo novo objeto, visando à constituição do próprio consumidor, ou seja, objetivando formatar uma subjetividade consumidora de mercadorias. E isso foi feito atrelando-se o consumo dessas mercadorias a uma construção imaginária, à possibilidade de ser outro. Aqui, já se estava além da ideia da "mera utilidade" do objeto. E isso era feito de forma intuitiva por aqueles que queriam vender suas mercadorias. Como vimos, somente com a emergência de novas profissões como relações públicas e marketing — e com o forte apoio dos conhecimentos da psique e do comportamento humano, advindos da psicanálise e da psicologia — é que se começou, de fato, a profissionalização das técnicas comerciais no contexto da cultura do consumo. Vimos como isso ocorreu, também, em função da necessária expansão do consumo, por conta dos ganhos de produtividade obtidos com a segunda revolução industrial.

No segundo pós-guerra, essa expansão do consumo passou a impor um desafio ainda maior para os produtores: começou a haver uma concorrência mais acirrada na oferta de mercadorias, pois, em função do progresso técnico e do nível de qualidade alcançado, os produtos/mercadorias passaram a ser cada vez mais indistintos. Ao mesmo tempo, o anúncio comercial podia se dirigir a um consumidor que já se reconhecia socialmente como tal, pelo menos nos lugares onde essa cultura do consumo já estava estabelecida, em especial na sociedade americana que, a essa altura, já poderia ser considerada o modelo mais acabado da cultura do consumo do século XX e o principal irradiador desse formato cultural para o resto do mundo, sobretudo em função do papel de liderança que os Estados Unidos ocuparam ao término da II Guerra Mundial.

Esse duplo desafio marcou um novo patamar na cultura do consumo: a busca pela diferenciação das mercadorias começou a se dar por um investimento maior em imagens. E isso ocorreu em um momento no qual o avanço do desenvolvimento tecnológico favoreceu o nascimento de um espaço privilegiado para a produção dessas imagens: a televisão, que começou a ser comercializada e a se tornar dominante nas principais economias de mercado a partir dos anos 1950. Com a televisão, segundo afirmado por um destacado profissional da área do *advertising*, já era possível ter um vendedor em cada casa (Ogilvy, 1993).

Segundo o historiador inglês Perry Anderson (1999:104), a televisão "foi o primeiro avanço tecnológico de importância histórica mundial no pós-guerra. Com a TV, dava-se um salto qualitativo no poder das comunicações de massa. A saturação do imaginário passou a ser de outra ordem". Assim, se a primeira fase da cultura do consumo foi tomada por "imagens de máquinas", agora, vivia-se a era das "máquinas de imagens" (Anderson, 1999:105). O mundo das artes não deixa dúvidas quanto a isso: enquanto no futurismo, do início do século XX, transparecia a forte identificação desse movimento com a máquina — em especial o automóvel —, com a *pop art*, os ícones passaram a ser as "tiras em quadrinhos, marcas registradas, gravuras de mulher, lemas brilhantes e ídolos confusos", em suma, "imagens de imagens". (Anderson, 1999:113). As raízes da *pop art* remontam à década de 1950, na Inglaterra, embora sua maturidade tenha sido alcançada nos Estados Unidos, nos anos 1960. Não se deve a um acaso que esse movimento artístico, que buscava refletir a estética do consumo de massa, tenha sido contemporâneo da televisão e tenha se destacado pelas figuras comerciais de um artista como Andy Warhol. Pois se o futurismo fazia uma ode à tecnologia e ao progresso, a *pop art* não deixou dúvidas sobre o ponto de chegada desse processo, qual seja, o triunfo da cultura do consumo e, com isso, a equivalência de todas as coisas sob a esfera da mercadoria, tão bem retratada por Warhol ao colocar, em mesmo plano, latas de sopa e figuras humanas.

Em outras palavras, quando afirmo que a fase II da cultura do consumo é caracterizada como das imagens, não estou falando de imagens quaisquer, mas de imagens para serem vendidas, para serem consumidas por si mesmas ou como suporte da venda de outra mercadoria. E se isso passou a funcionar tão bem a partir da segunda metade do século XX, é porque essa época já marcava o triunfo das imagens comerciais em diferentes domínios da realidade social. Traçando um paralelo com a fase I da cultura do consumo, se lá os objetos industrializados encantavam por sua nova forma, agora, eram as imagens espetaculares da televisão, do cinema, das artes visuais que passavam a transformar a sensibilidade da época, através da estetização da vida cotidiana.

A fase II da cultura do consumo foi contemporânea desse avanço tecnológico e dele tirou proveito. O mundo das mercadorias pôde se impregnar do espírito de época, de uma subjetividade já moldada pela imagem, na medida em que essa toca e transforma os sentidos, a percepção do tempo e do espaço. A partir de então, as mercadorias encontraram um caminho novo através do qual poderiam captar o olhar do consumidor: o anúncio comercial eletrônico, cujo espaço gerou possibilidades novas de se anunciar um produto, através da criação de histórias que pareciam visar vender "não o bife, mas o chiado, não o sabonete, mas o sonho de beleza, não as latas de sopa, mas a felicidade familiar" (Hobsbawm, 1994:496). A proposta do anúncio, dizia Ogilvy (1993), não era entreter o telespectador, mas vender a ele alguma coisa. Mas era preciso fazer com que as imagens contassem uma história que fosse memorável, daí Ogilvy considerar que as imagens eram muito mais importantes que as palavras.

Nesse momento, o investimento no anúncio ainda estava inteiramente voltado para a lógica do convencimento, pela sedução, para a venda de uma mercadoria que já estava pronta. Para isso, era necessário operar a partir de informações de pesquisas que visavam entender qual a melhor forma de se comunicar com o consumidor. E se esse pode ser considerado o período áureo do anúncio comercial, foi também o das pesquisas de mercado apoiadas em conhecimentos da psicologia, em especial das pesquisas motivacionais, de base psicanalítica. A fundamental importância do conhecimento da "motivação inconsciente" para o consumo marcou uma predominância da psicanálise na que foi considerada a primeira onda da pesquisa motivacional (1945-1960), conforme as palavras de Dawson (2005:67): "Até os anos 1960, de uma maneira geral, a pesquisa motivacional parecia estar sob a influência de uma abordagem exclusivamente psicanalítica no estudo das necessidades e desejos dos consumidores".

Um dos principais representantes da pesquisa motivacional foi Ernest Dichter, um psicólogo austríaco que se exilou nos EUA no final da década de 1930. Autor do livro *The Strategy of Desire*, Dichter (1960) foi pioneiro na aplicação dos conceitos psicanalíticos no estudo das motivações psíquicas do consumidor, através da análise de como os indivíduos tendem a projetar valores e crenças em objetos. As pesquisas motivacionais de base psicanalítica se assentam em técnicas não verbais (ou projetivas) ou em entrevistas em profundidade, cujo objetivo é abordar aqueles fatores que estariam relacionados a aspectos psíquicos inconscientes e que, portanto, exigiriam um estudo indireto do mercado.

Um livro crucial para o entendimento de como atuavam esses *hidden persuaders* é o do jornalista Vance Packard (1957). O autor mostra como o trabalho do anúncio operava em parceria permanente com aquilo que era captado nas pesquisas, em especial as de base motivacional — embora também lembre a importância e permanência de pesquisas com bases behavioristas nesse mesmo período, principalmente através das contribuições do behaviorista John Watson.

Um exemplo interessante, narrado no livro de Packard (1957), sobre o uso dessas pesquisas, está na maneira como empresas do mercado de café instantâneo buscaram convencer os americanos a consumir essa mercadoria. No experimento chamado *lazy housewife*, o autor conta que, em meados dos anos 1950, as empresas alimentícias estavam tendo dificuldades com o mercado de café instantâneo, que havia sido inventado para a conveniência dos soldados combatentes durante a II Guerra. As razões apontadas nas pesquisas já realizadas indicavam que os consumidores achavam o gosto do café ruim. Mas as empresas consideraram que havia alguns motivos não revelados e que, portanto, o *advertising* não estava funcionando, dada a conveniência, aparentemente óbvia, do café instantâneo, além de seu preço baixo. E isso foi confirmado por uma pesquisa motivacional que revelou os reais motivos para a rejeição ao café instantâneo. Para essa pesquisa, foram construídas duas listas de compras idênticas, com a mudança de apenas um item entre uma lista e outra — em uma lista estava escrita uma marca de café "regular" e, na outra, uma marca de café instantâneo. Essas listas foram entregues a dois grupos de 50 mulheres cada um. Pedia-se a elas que descrevessem características referentes ao perfil — em especial da personalidade — da pessoa que fez a lista, que seria, naturalmente, uma mulher, enfatiza Packard. O grupo que recebeu a lista de compras com o café instantâneo indicou, entre outras características, que se tratava de uma mulher preguiçosa, que não sabia planejar bem suas compras. Houve até quem dissesse que se tratava de uma "esposa má". Os resultados dessa pesquisa foram comparados com os anúncios de café instantâneo que estavam sendo veiculados e concluiu-se que eles acentuavam essa imagem negativa, destacada pelas mulheres ouvidas na pesquisa, ao indicar aspectos do café instantâneo com palavras como eficiente e rápido — palavras sem conotação emocional, enquanto os anúncios de cafés tradicionais sublinhavam aroma e sabor.

Os resultados da pesquisa levaram à sugestão de que, se as pessoas fossem expostas a imagens reais dos grãos de café não processados, elas poderiam ser mais receptivas ao café instantâneo, pois as imagens os igualariam ao café "normal". E foi assim que, em meados dos anos 1950, os maiores produtores de café instantâneo passaram a contratar agências que produzissem anúncios que o investissem de conotações emocionais e de *status* social. Referindo-se, em especial, a uma famosa marca de café instantâneo, Packard mostra como, em 1956, a marca Nescafé publicava anúncios de páginas inteiras de revistas de senhoras com um rico café, com grãos reais, e com palavras de destaque como "100% puro café". Em outros anúncios, uma importante figura social — que na época era quem "dava a palavra final em termos do que era socialmente apropriado na América"[31] (Packard, 1957:141) —, aparecia servindo café instantâneo com orgulho. Essa nova estratégia de comunicação fez com que o café instantâneo passasse a ser rapidamente aceito e fosse transformado em um sucesso de mercado.

Embora, no exemplo em questão, as imagens não tenham sido veiculadas na televisão, mas em revistas, isso mostra a importância da pesquisa para o uso — adequado — das imagens comerciais, que só se expandiriam com o uso do anúncio eletrônico. E isso já estava claro na fala de um *advertising man*[32] citado por Packard: de que o comercial, na televisão, deveria oferecer algo a mais do que o apelo da venda. Deveria oferecer algum tipo de satisfação emocional, um apelo mais profundo, junto com aquilo que se propunha vender.

O desafio está em que tal apelo, assim como o repertório de histórias a inventar e contar, deve se reverter, ao final, na venda da mercadoria. É o que justifica Sergio Zyman (1999), ao narrar o caso de uma campanha de certa marca de sabão em pó, lançada no México, no final da década de 1960. Ele diz que, naquela época, no México,

---

[31] Aqui há um "reforço" ao anúncio através de uma formadora de opinião, indicando que o *advertising* se sustenta através de outros produtos culturais do mesmo contexto histórico. Discutiremos melhor essa questão no tópico a seguir.

[32] No Brasil, costumamos nomear "publicitário" o profissional responsável por criar anúncios comerciais.

poucas pessoas tinham máquina de lavar. Eram as mulheres que lavavam a roupa, e o faziam quase sempre na mão, o que se configurava como um trabalho realmente pesado. Uma máquina de lavar roupa era o sonho de milhões de mulheres. Então, a agência Noble & Asociados apresentou uma campanha que dizia basicamente o seguinte: "Ariel transforma qualquer balde em máquina de lavar". Mostrava um balde cheio de roupas e, à medida que o sabão em pó ia sendo despejado dentro dele, o balde começava a se agitar, girando para a esquerda e para a direita, exatamente como a máquina de lavar que todas as mulheres queriam. O anúncio oferecia uma mensagem clara de desempenho, e o fazia com firmeza. A marca decolou de maneira fantástica [Zyman, 1999:204].

Nesse exemplo específico, em quel Zyman quer reforçar a ideia de que o bom anúncio é aquele que se reverte, ao final, na venda da mercadoria,[33] temos também uma ilustração do poder encantatório das imagens — em um balde que mexe como uma máquina de lavar — que, na televisão, consegue ter um apelo diferenciado das revistas, por exemplo, já que permite pôr as imagens em movimento.

---

[33] Zyman, que foi executivo de marketing de grandes empresas, como P&G e Coca-Cola, faz uma dura crítica aos profissionais de *advertising*, que, ao longo dessas décadas de ouro do anúncio, passaram a fazer comerciais cada vez mais elaborados, porém visando ganhar prêmios pelo comercial em si, sem se preocuparem com o resultado final, que era a venda. Esse período que Zyman descreve, final da década de 1990, já era o período que indicava o fim da hegemonia do anúncio comercial. Mas a acatarmos as análises de Michael Schudson acerca do papel da publicidade (para além do anúncio), poderíamos argumentar que esses anúncios cumpriam seu papel visto que ajudavam a reforçar e refletir a cultura do consumo. Afinal, segundo esse autor, "a publicidade não serve apenas para vender bens. Sua função primordial é vender o consumo como modo de vida" (Schudson, 1986:6). Isso, porém, não necessariamente pode se reverter em ganhos de parcela do mercado para a marca anunciante, daí a crítica de Zyman.

Esses anúncios, em princípio, ainda indicavam uma vinculação de uma imagem ao produto. No caso do anúncio do sabão em pó, a promessa de limpeza estava associada ao sabão, embora extrapolada à dimensão da máquina. Mas ao final dessa fase II da cultura do consumo, em especial naquilo que estou denominando "décadas de transição", as imagens avançaram para um descolamento cada vez maior entre a imagem e o produto anunciado, trazendo, cada vez mais para o primeiro plano, a conotação emocional que o produto poderia proporcionar. Em pesquisa realizada sobre o McDonald's (Fontenelle, 2013b), por exemplo, pude mostrar o quanto a imagem de suas lojas como lugares de diversão era mais importante do que a veiculação dos produtos da marca, ligados à alimentação. Nesse caso específico, vemos como a marca ressignifica algo mais amplo da cultura, em associação com a função de alimentar-se. Comer é um ato cultural, remete ao processo de compartilhamento entre as pessoas, à socialização em torno do alimento e da mesa. Nada que, em princípio, remeta ao comer no McDonald's, associado à comida rápida, muitas vezes de forma solitária, em função do ritmo apressado do tempo. Mas essas imagens se fundem na ressignificação do que é comer nos tempos modernos. Em outras palavras, tal descolamento pode indicar, muitas vezes, a promessa de realização oposta ao que a mercadoria poderia proporcionar. O exemplo mais acabado sobre isso é o dos famosos anúncios de marcas de cigarros que veiculavam imagens relacionadas ao mundo das aventuras esportivas, em clara dissociação com o que, de fato, o cigarro pode causar à saúde.

O que fica evidente, também, com esses exemplos, é que esse descolamento entre a imagem e a mercadoria veiculada ainda precisava indicar a necessária associação da mercadoria com imagens positivas, de felicidade, entretenimento, esporte, harmonia, entre outras. A partir das décadas finais do século XX, isso começou a mudar.

Novos formatos: anúncios comerciais *nonsense* e novas estratégias de comunicação publicitária

> *A economia está rolando ao longo de uma planície sem fim, e os consumidores estão entediados com a vista. Alguma coisa estranha é necessária para sacudi-los.*
>
> (Ballard, 2009:181)

Em meados da década de 1960, ainda era possível a um profissional do *advertising* considerar que uma das principais diferenças entre o anúncio impresso e o televisivo é que o impresso precisava atrair o olhar do consumidor, enquanto na TV o telespectador já estaria atento às imagens, sem poder se desviar delas (Ogilvy, 1993). Como dito, na década de 1960, dá-se início à veiculação em massa das imagens televisivas, que provocavam certo encantamento no telespectador, antes de qualquer coisa, por sua novidade. Além disso, as condições tecnológicas da época, de fato, faziam com que o telespectador ficasse "preso" ao comercial de TV, uma vez que ainda não havia a possibilidade do *zapping*, que a difusão do controle remoto passou a permitir.

Mas na década final do século XX — que compõe aquelas que estão sendo denominadas, neste livro, de décadas de transição, pois marcaram a passagem da cultura do consumo de sua fase II para a fase III, integrando ambas as fases — a eficácia do anúncio comercial passou a ser questionada, não apenas a partir de uma literatura acadêmica e de mercado, que passou a defender novas modalidades de comunicação dos produtos e marcas, como também a partir de uma evidente queda nos investimentos em anúncios comerciais, em especial os televisivos.[34]

---

[34] O artigo de Eisenberger (2002) — "It's an ad, ad, ad, world" —, veiculado na revista *Time*, discute a crescente perda de efetividade do comercial de 30 segundos, junto a um questionamento da própria efetividade da TV.

No documentário "Persuaders",[35] veiculado no início dos anos 2000, o diretor Douglas Rushkoff também deixa entrever a crise do anúncio comercial — e, por extensão, das pesquisas que historicamente subsidiaram esses anúncios — a fim de apontar para um conjunto de novas técnicas que passaram a ser utilizadas, pelo mercado, visando "quebrar" a falta de atenção do consumidor. Voltaremos a isso, pois o documentário sugere técnicas que, no limite, substituiriam os formatos tradicionais de anúncios comerciais televisivos. Antes, porém, é importante entender de que forma esses comerciais buscaram se reinventar a fim de se manterem ao longo desse período histórico da cultura do consumo.

O objetivo desta seção, portanto, é apresentar alguns desses novos formatos de anúncio, assim como novas formas de comunicação publicitária, buscando entender as transformações culturais que impulsionaram tais mudanças nesses formatos e que foram, igualmente, por elas transformadas.

Na literatura acadêmica, um dos primeiros artigos que encontrei sobre o assunto está no livro de Gilles Lipovetsky, publicado originalmente em 1983, com ênfase na descrição de um novo momento histórico, que o filósofo denominou "era do vazio". Nesse livro, Lipovetsky já menciona as transformações no mundo do anúncio, indicando como este parecia, cada vez mais, distante de sua função original de comunicar as características de um produto ou de fazer apelos emocionais associados ao uso de certas mercadorias. O autor afirma que o anúncio comercial estava levando muito longe a "lógica do absurdo" e que parecia não querer dizer nada, em um jogo entre o sentido e o não sentido. Exemplificando, narra um comercial de armação de óculos no qual alguém diz: "Tens uns olhos lindos, sabia"?, assim como outro, que diz: "Viver de amor e de Gini" (Lipovetsky, 1989:137-138). O autor constata

---

[35] Produzido pela *Frontline*, em 2004. Dados em: <www.pbs.org/wgbh/pages/frontline/shows/persuaders/etc/synopsis.html>. Acesso em: 21 fev. 2015.

que tais anúncios estariam a meio caminho do *nonsense*, porém lembra que tal fórmula já fazia parte do novo ambiente cultural a partir do qual a publicidade passara a se orientar.

Certamente, uma das primeiras marcas a levar a fundo essa nova lógica foi a Benetton, quando, no início da década de 1990, começou a lançar, pelas lentes do fotógrafo italiano Oliviero Toscani, campanhas institucionais da marca que abordavam temas polêmicos, como racismo, religião, sexo, guerra, entre outros. Tais campanhas — que não eram eletrônicas, mas focadas em *outdoors* — tornaram a marca globalmente conhecida e desejada ao longo das décadas finais do século XX.

Segundo Toscani, em diversas entrevistas que deu ao redor do mundo, e em especial no livro que publicou (1996), sua intenção, com essas campanhas, era fazer a crítica ao anúncio, era mostrar como ele não funcionava mais, era expor aquele "cadáver que nos sorri", título do seu livro em português. Ao mesmo tempo, o fotógrafo defendia a função de comunicação que a publicidade deveria ter. Se quase a totalidade da mídia — imprensa, rádio, televisão —, no mundo, era financiada pelos espaços destinados ao anúncio comercial, por que não, segundo ele, investir em algo com utilidade social, com força, impacto e sentido? E eu acrescentaria: também com beleza, pois as fotos de Toscani podem tratar de temas tristes, mas são sempre belas, com cores fortes que remetem, sem dúvida, à associação com as "*united colors of Benetton*".

Toscani defendeu a reinvenção da publicidade no momento em que o anúncio, de fato, era acusado de não dar mais conta daquilo a que se propunha, seja porque a diferenciação já não era mais possível em um cenário concorrencial inundado de imagens comerciais, seja porque já se estava em um momento cultural novo, no qual era necessário apelar para novas formas de persuasão e de sedução. E aqui, cabe falar mesmo em reinvenção, pois as campanhas da Benetton enfatizam a imagem institucional da corporação, via a logomarca. Nas fotos de Toscani não aparecem os produtos Benetton, e a associação com a marca se dá, apenas, por conta da logomarca "United Colors of Benetton". É por isso que o fotógrafo foi, muitas vezes, acusado de cínico, na medida em que estaria usando o que chama de realidade "para vender" (Graciotti, 1996).[36]

O fato é que Toscani foi pioneiro desse novo modo de fazer publicidade[37] e fez muitos seguidores, configurando aquilo que o crítico cultural norte-americano, Thomaz Frank (2003), chamou de "marketing da libertação do capital",[38] ou seja, o momento, já prenunciado por Guy Debord (1997) em *A sociedade do espetáculo*, no qual até mesmo a insatisfação viraria mercadoria. Segundo Frank (2001), "sintonizar um programa de televisão no horário nobre significa ouvir o capital usar a publicidade para incitar à revolução, para pregar a transgressão das regras e dos bons costumes, para insistir na necessidade de viver perigosamente até o fim [...]". Para o autor, esse estágio é condizente com a própria história da

---

[36] A ideia de usar a realidade para vender foi mais longe, nesse caso. Toscani, através da Benetton, também fundou a revista *Colors*, até hoje em circulação. A revista não foi concebida para veicular anúncios da marca Benetton. Trata-se de uma revista de cultura, que aborda diferentes aspectos da vida real. Em um *release* recente sobre sua nova direção editorial, é destacada a nova diretriz que a revista terá, "abandonando" os temas mais "pesados" do seu início para, agora, enfatizar aspectos mais leves (ver a reportagem em: <www.tipografos.net/magazines/colors.html>. Acesso em: 21 fev. 2015). Sobre a revista, visitar também o site oficial <www.colorsmagazine.com/magazine>. Cabe, também, uma menção à Fábrica, um espaço criado por Toscani, na Itália, para a formação e disseminação de suas ideias e de formação de novos profissionais nas áreas de *design*, fotografia, comunicação, arte, cultura.

[37] É possível afirmar que Toscani foi também um dos precursores da responsabilidade social nos negócios, tão vigente no marketing atualmente. A esse respeito, em entrevista dada à revista *Rolling Stone*, o cineasta Spike Lee admitia que, embora não guardasse ilusões com relação à função das marcas, via a Benetton levando vantagem na responsabilidade manifesta em sua participação na crítica social. Ver: Lee (1992).

[38] Para uma versão mais elaborada dessas ideias de Frank, ver seu livro *The Conquest of Cool: Business Culture, Counterculture, and the Rise of Hip Consumerism* (1997).

cultura do consumo que, desde a década de 1920, "pelo menos", vem apresentando o consumismo como

> uma forma de revolta contra valores mais antigos, ligados à produção: enfatizou o prazer e a gratificação, por oposição à restrição e à repressão de tradição puritana. Cultuou a moda e a obsolescência, no lugar da previdência e da permanência, a juventude no lugar da experiência, a mudança no lugar da tradição, o novo no lugar do antigo [Frank, 2001].

Mas desde os anos 1960, diante de um estágio concorrencial mais avançado e diante de transformações advindas da contracultura,[39] era preciso ser mais inovador no campo da comunicação publicitária. Desse modo, os criadores dos anúncios publicitários tiveram de desenvolver "um culto da criatividade que os obrigava a chocar e surpreender para se fazerem notar", visto que apelar à novidade tornou-se o único meio de se fazer ouvir, passando uma mensagem de venda (Frank, 2001).

E foi o próprio movimento contracultural que, segundo Frank (2001), deu o material criativo necessário para que as agências de publicidade se reinventassem, pois, a partir de então, a publicidade buscou se renovar sob a feição de um discurso crítico, assumindo certa "estética da resistência". Mas isso só começou a ficar mais evidente, segundo o autor, no final do século XX, com a derrota política da esquerda, quando

> abriu-se aos publicitários uma série de nichos culturais, sem serventia[40] mas ricos em carisma e evocação subversiva. A Benetton

---

[39] Refiro-me ao movimento desencadeado no final da década de 1960, em especial nos Estados Unidos e na França, que teve nos jovens um dos seus principais protagonistas.

[40] O "sem serventia" aqui deve ser entendido no contexto da uma manifestação que se propõe autenticamente política quando o problema, segundo Frank, é que

conseguiu associar sua marca à luta contra o racismo[41] a Apple, ao combate contra a tecnocracia, a Pepsi apropria-se da revolta adolescente, a Body Shop utiliza a compaixão, a Reebok, o não conformismo e a MTV, o *underground*. Em matéria de justiça social, as marcas substituíram as mobilizações... [Frank, 2001].

Se nas análises de Thomaz Frank sobressai a questão social ressignificada para o mundo comercial dos anúncios, as do filósofo brasileiro Vladimir Safatle apontam para transformações nas imagens do corpo e da sexualidade que o universo da publicidade também passou a enfatizar na última década do século XX. Em pesquisa realizada sobre anúncios de algumas grandes marcas globais do mundo da moda e da tecnologia, veiculadas a partir da década de 1990, Safatle (2004:18) constatou o quanto essas marcas vinham desenvolvendo campanhas nas quais circulavam imagens

> até então nunca investidas libidinalmente pela publicidade. Graças às campanhas mundiais de marcas como Benetton e Calvin Klein, corpos doentes, mortificados, des-idênticos, portadores de uma sexualidade ambígua e autodestrutiva marcaram a trajetória da publicidade nos anos 90, através de uma conjunção entre novidade estilística e apresentação de novas representações sociais. A estética heroína chic da Calvin Klein, a androginia e a indeterminação sexual da Versace, a publicidade que questiona os parâmetros da linguagem publicitária da Benetton e da Diesel, assim como o corpo maquínico e fusional da PlayStation modificaram sensivelmente os limites da retórica publicitária.

---

o marketing da revolta aponta para um sistema ideológico fechado, dentro do qual a crítica pode ser abordada e resolvida, porém apenas de maneira simbólica.

[41] Considero que a Benetton conseguiu captar o espírito de época do mundo globalizado do final do século XX que, para além do racismo, trazia a questão da necessária tolerância multicultural, fosse ela de raça, de cor, de gênero, política ou religiosa.

Há que se perguntar por que isso funciona do ponto de vista cultural mais amplo, ou seja, por que as imagens da revolta e o marketing da raiva, segundo Frank, ou as imagens de corpos instáveis e reconfiguráveis, na proposição de Safatle, tiveram ressonância no mundo do consumo. Em outras palavras, essas imagens vendem. E se vendem, é porque têm espaço em um tipo de cultura que as acolhe. Do mesmo modo, o sociólogo Michael Schudson (1986), em pesquisa realizada sobre o papel do anúncio comercial nos Estados Unidos, já constatava que não há como entender o funcionamento do *advertising* sem entender como funciona a própria cultura, argumentando, com isso, que o anúncio não tem o poder persuasivo que muitas vezes é acusado de ter, sem que a própria cultura do consumo, através de suas outras "indústrias", cumpra seu papel.

Thomaz Frank se apoia na própria literatura de mercado, além das transformações sociais das últimas décadas, para buscar explicações fundamentadas sobre esse tipo de comportamento cultural refletido em um modelo de anúncio que reflete elementos como raiva ou revolta. A partir da análise de um livro de um publicitário francês (Dru, 1996), Frank (2001) mostra como esses profissionais se guiam pela ideia de que eles precisam "identificar uma convenção social e esmagá-la num processo quase orgástico, denominado de 'disruption' até, finalmente, descobrirem um meio de associar a marca para a qual trabalham com alguma 'visão' mais ampla da libertação humana". No caso analisado por Frank (2001), esses publicitários identificaram um sentimento social latente de raiva. Dando o exemplo dos Estados Unidos, o autor mostra como os norte-americanos "trabalharam mais na década de 90 do que o haviam feito desde 1945, nunca sofreram maior endividamento doméstico e nunca tiveram tão pouco poder sobre as condições de vida e de trabalho do que nos últimos cinquenta anos". O autor, então, constata como, em um ambiente assim, a raiva aumentou, e muito. E o que ocorreu é que os publicitários teriam sido aqueles que "melhor souberam dirigir essa raiva, colocando-a a serviço de seus interesses" (Frank, 2003).

Vladimir Safatle também se apoia nas transformações culturais e psíquicas contemporâneas, que vêm alterando a relação do homem com a imagem de seu corpo. Com base na literatura psicanalítica, argumenta que o corpo nunca foi um projeto autônomo, que sempre foi dependente do olhar do outro e, por isso mesmo, "a experiência do corpo próprio é desde o início submetida a um esquema mental, a uma imago produzida através da introjeção de imagens ideais socialmente desejáveis" (Safatle, 2004:7). As identificações flexíveis do corpo, na análise que faz de algumas marcas publicitárias, fazem o autor retomar Mike Featherstone (2000:2), para quem, "no interior da cultura do consumo, o corpo sempre foi apresentado como um objeto pronto para transformações".[42] A cultura do consumo, nesse caso, estaria refletindo um novo estágio do desenvolvimento capitalista no qual a flexibilização passava a ser a regra, não apenas no trabalho — como inicialmente parecia ser —, mas em todas as esferas da vida. Assim, "as mutações na corporeidade dos sujeitos seriam uma forma de determinar o que são aquilo que poderíamos chamar de 'identidades flexíveis', ou seja, identidades que absorvem a dissolução mercantil das determinações de conteúdo" — daí serem flexíveis, podendo flertar com a própria indeterminação, mas ainda sob o domínio de uma forma: a mercantil (Safatle, 2015:195). Não por acaso, o autor mostra como as representações publicitárias do corpo, nos anos 1990, são tributárias de uma estética própria a certos setores da cultura de massa, como o cinema, a moda, as artes visuais, a música *pop*,

---

[42] Dando continuidade à pesquisa sobre as transformações na imagem do corpo na publicidade dos anos 1990, dessa vez incluindo entrevistas com consumidores das marcas em diferentes partes do mundo, Safatle (2009) mostra como essas imagens operam a partir de um comportamento bipolar do consumidor, que aceita a norma, mas quer ou deseja fantasiosamente a transgressão.

os *games* etc., que já veiculavam essas formas de imagem como manifestação de uma cultura já formada como mercadoria.

Essa nova lógica cultural, que se apresenta como pano de fundo para toda a discussão acerca das transformações no *advertising*, em especial a partir da década de 1980, é denominada pós-modernismo, ou "o fim da cultura regulada" (Lee, 1993:138). Segundo Lee, a nova publicidade que emerge nesse período tem, portanto, muitas características estéticas em comum com o pós-modernismo, como a representação de uma ruptura radical no sentido do tempo e do espaço. Nesse cenário, o anúncio teve de, necessariamente, se transformar, a fim de alcançar as próprias transformações subjetivas em curso. E o resultado foi "uma série de campanhas em que o produto muitas vezes se tornou quase acidental à imagem, à narrativa e à trilha sonora" (Lee, 1993:152, tradução livre). Essas mudanças, conclui Lee, indicam uma forma sintomática das transformações sociais e culturais mais amplas no capitalismo, em geral, e no seu modo cultural de regulação, em particular (Lee, 1993:154).

Esse ponto permite voltarmos à questão central: a articulação mais ampla entre cultura, mídia e mercado, pois, se esse tipo de anúncio comercial *nonsense* funciona é porque ele reinterpreta o que já está presente na realidade. Transformações culturais, portanto, impactam o modo de fazer publicidade. Por outro lado, a cultura mais ampla pode sofrer influência direta das estratégias publicitárias, conforme veremos nas novas formas de pesquisa de tendências culturais. E, nesse caso, estou usando publicidade em sentido mais amplo, envolvendo, também, o trabalho de relações públicas. Era nesse sentido que Edward Bernays afirmava, taxativamente, que não estava no campo da produção das imagens, mas no da construção da realidade (Ewen, 1996).[43] O papel do profissional de relações

---

[43] Ver, a esse respeito, o excelente texto de Francis Wolff sobre como "a imagem da realidade é fabricada", no sentido de que as imagens contemporâneas, absolutamente transparentes, criam uma ilusão imaginária de que representam, de fato, a realidade. Diz Wolff que a ilusão imaginária moderna por excelência não é o

públicas, segundo ele, era forjar, construir realidades segundo uma ótica muito própria, qual seja, a lógica do que poderia ser ressignificado da cultura mais ampla para a cultura do consumo. Por isso, para Bernays, o profissional de relações públicas não poderia ser considerado um *advertising man*, embora pudesse — e devesse — auxiliá-lo na condução de imagens condizentes com a realidade que as relações públicas deveriam criar (Bernays, 1928).

Esses ensinamentos de Bernays voltaram à tona com a crise do modelo tradicional de anúncio comercial. A busca da reconfiguração dos anúncios em resposta à crise foi concomitante à proliferação de novos formatos híbridos de comunicação publicitária, ou seja, formatos que buscavam uma imbricação cada vez maior com a realidade social ou com novas produções culturais. No documentário mencionado no início desta seção — "Persuaders" —, são expostas diferentes formas de fusão entre imagens publicitárias e produções culturais, além do papel que os profissionais de relações públicas têm nesse novo formato. Em uma das passagens do documentário, compreendemos como se dão as relações entre os diretores dos seriados de televisão e os profissionais de RP. É narrado o caso de uma famosa marca de *vodka* cujos profissionais de relações públicas, responsáveis por sua disseminação, solicitaram à produção do seriado de TV "Sexy and the city"[44] que elaborasse um episódio da série totalmente voltado para o lançamento de um novo produto da marca, na busca dessa fusão entre consumo e entretenimento. Isso ocorre, cada vez mais, no campo da música, do cinema e, até mesmo, do jornalismo, o que leva a cultura do consumo a um novo patamar, conforme discutiremos adiante, no tópico relacionado ao *branding*. Antes, porém, precisamos discutir

---

fato de que vejamos imagens demais, mas que "não vemos mais as imagens como tal. A ilusão consiste em crer que a realidade tem o poder de sua própria representação". Essas imagens transparentes pretendem "mostrar o real escondendo-se" (Wolff, 2004:44-45).

[44] Veiculado no documentário "Persuaders".

o estágio atual das pesquisas relacionadas ao consumo, dado que elas sempre estiveram atreladas ao anúncio comercial.

Novos formatos: pesquisas de mercado de tendências culturais

> *Ela aprendeu que isso consiste, em grande parte, de ter a disposição de fazer a próxima pergunta. Foi fazendo a próxima pergunta que ela conheceu em pessoa o mexicano que foi o primeiro a usar o boné de beisebol virado para trás. Isso mostra o quanto ela é boa.*
>
> (Gibson, 2003a:42)

> *Costumam nos descrever como a primeira agência viral [...] mas seu fundador não quer que as pessoas tenham ouvido falar dele. Também não quer que tenham ouvido falar da agência. Colocar a agência, ou seu fundador, em primeiro plano é contraproducente. Ele diz que queria que fosse possível trabalharmos como um buraco negro, uma ausência...*
>
> (Gibson, 2013:125).

O questionamento sobre os modelos de pesquisas que acompanharam a evolução do anúncio comercial ao longo da segunda metade do século XX também se fez presente no instante mesmo em que o modo tradicional do *advertising* foi colocado em xeque. Esse cenário ensejou novos modos de fazer pesquisa, com destaque para as chamadas pesquisas de mercado de tendências culturais, cujas origens remontam aos anos 1970,[45] mas que ganharam um novo formato e um novo *status* a partir da década de 1990. Se atentarmos para o período histórico que possibilitou o nascimento desse tipo de pesquisa, veremos que ele está circunscrito às transformações mais profundas — políticas, econômicas, sociais, culturais, organizacionais — que ocorreram, em especial, nas sociedades de capitalismo avançado. Ao final dos anos 1960, o rescaldo da revolução cultural iniciada naquela década, somado a um novo estágio da concorrência capitalista, levou à consciência mercadológica a necessidade de considerar as variáveis socioculturais nas estratégias de negócios, em especial a ascensão de uma efervescente "cultura jovem".

No campo da pesquisa voltada para os comportamentos de consumo, isso significou que as informações captadas não seriam mais consideradas, apenas, para a comunicação da mercadoria já produzida. Tratava-se, agora, de inserir o espírito de época na própria definição do que deveria ser produzido. Em outras palavras, enquanto as pesquisas que vigoraram até os anos 1960 estavam focadas em auxiliar o *advertising* e as relações públicas a encontrar a melhor maneira de persuadir o consumidor para a compra da mercadoria pronta, a partir do final dos anos 1970 as grandes empresas passaram a perceber a necessidade de "ouvir a cultura"[46] para subsidiar, também, a própria produção.

Embora a consciência desse novo processo já estivesse presente desde os anos 1970, foi apenas na década de 1990 que ficou claro que era fundamental considerar o uso de estudos de tendências culturais no planejamento estratégico dos negócios, na antecipa-

---

[45] A preocupação com a cultura jovem, que está na base das pesquisas de tendências culturais, começa nos anos 1970, quando, de fato, se viveram todas as consequências da revolução cultural do fim da década de 1960.

[46] A questão não era mais ouvir o mercado consumidor, já interrogado a partir dessa ótica, mas abrir-se para a cultura mais ampla, pensando o que, nela, seria possível transformar em mercadoria.

ção permanente do que pode comportar valor segundo a lógica do mercado, o que culminou no nascimento das empresas *coolhunting*. Em linhas gerais, pode-se dizer que essas empresas buscam fazer uma mediação, ainda mais direta, entre formas de expressão culturais e práticas de consumo, captando transformações nas mentalidades, nos estilos de vida, nas formas de manifestação do desejo que possam ser ressignificadas na forma do consumo.

Não é de surpreender que o primeiro foco de atenção dessas empresas tenha sido a juventude. Os jovens não apenas foram os representantes, por excelência, do movimento contracultural — que, como já vimos, teve profunda influência na reconfiguração da cultura do consumo após os anos 1960 — como também se tornaram os atores privilegiados da terceira revolução tecnológica, a informática, que será discutida melhor adiante. Nas palavras de uma das fundadoras da empresa de pesquisa de tendências Look-Look, cuja existência remonta aos anos iniciais da década de 1990, a revolução tecnológica "deu a esses jovens um poder no interior da família, de tornarem-se os chefes tecnológicos de suas casas".[47] Outro ponto importante a destacar acerca do foco inicial dessas pesquisas é que, à medida que estão em busca da novidade que pode se tornar mercadoria, essas empresas visam subculturas, dado que é nelas que é possível encontrar produções que se tornarão realmente *cool*. A caçada ao *cool*, conforme dito pelo jornalista e escritor Malcolm Gladwell,[48] visa descobrir quais, entre os milhares de coisas que estão acontecendo na cultura jovem, serão mais importantes no sentido de constituírem tendências que possam ser transformadas em consumo. Trata-se, portanto, de uma forma de percepção que consiga captar as mudanças sutis nas configurações

---

[47] Cf.: <www.pbs.org/wgbh/pages/frontline/shows/cool/interviews/gordonandlee.html>. Acesso em: 11 mar. 2015.

[48] Malcolm Gladwell é também autor do livro *The Tipping Point: How Little Things Can Make a Big Difference*. Aqui, refiro-me à entrevista que ele concedeu ao já referido programa *The merchants of cool*.

socioculturais em curso, detectar padrões e, especialmente, transformar isso em algo muito rentável, ao ser vendido para empresas ávidas por informações sobre a quem e como vender seus produtos e/ou serviços.

Coolhunter, em tradução literal, é um "caçador do que é *cool*". Em português, foi traduzido como um "caçador de tendências", no sentido de que a artimanha do *coolhunter*, para Gladweel, "não é apenas a capacidade de dizer o que ou quem é diferente, mas ser capaz de dizer quando aquilo que é diferente representa alguma coisa verdadeiramente *cool*" (tradução livre).[49] Mais importante ainda, eu diria, é a capacidade de dizer se aquilo que "é verdadeiramente *cool*" se transformará em mercadoria.

Uma das pesquisadoras pioneiras desse setor conta como, na década de 1980, isso ainda não era tão facilmente assimilado pelas grandes empresas. Irma Zandl, criadora do termo "consumidor alfa"[50] — assim como do termo *coolhunting* —, conta como, ao dirigir um comercial em 1983, para a marca Walgreens — rede norte-americana de farmácias —, usou como fundo musical o *rap*, em uma época em que nem mesmo ao sul de Nova York se sabia muito bem o que era o *hip-hop*. Mas a empresa se recusou a levar o comercial ao ar (Grosman, 2003). Zandl não se deu por vencida. Continuou pesquisando a cultura jovem, tornando-se fundadora e presidente do Zandl Group, definido como um negócio dedicado a "manter as marcas e empresas na moda, e culturalmente relevantes para os consumidores de difícil acesso de hoje".[51]

---

[49] Cf.: <www.pbs.org/wgbh/pages/frontline/shows/cool/interviews/gladwell.html>. Acesso em: 22 nov. 2016.

[50] Segundo sua perspectiva, são as pessoas realmente *cool*. Quando essas pessoas começam a falar, ou comer, ou fazer compras de certo modo, as pessoas não *cool* as seguem. Ou seja: observar o que os consumidores alfas estão fazendo hoje poderá prever o que a maioria estará fazendo amanhã (Grossman, 2003).

[51] Cf.: <http://zandlgroup.com/>. Acesso em: 22 nov. 2016, tradução livre.

Se a década de 1980 ainda não estava preparada para assimilar a força das subculturas ao *mainstream* do consumo,[52] os anos 1990 estavam em busca da antecipação permanente das tendências. Indo, agora, além da cultura jovem, interessa ao grupo comandado por Zandl captar informações sobre os consumidores que a empresa considera valiosas para entregar, em primeira mão, para seus clientes. Dessa vez, de maneira menos intuitiva. Agora, a empresa faz uso de sofisticadas técnicas de pesquisa, com base em abordagens etnográficas.[53]

Irma Zandl parece ter sido a inspiradora da personagem Cayce Pollard, do livro *Reconhecimento de padrões*, de William Gibson (2003a). Assim como Cayce, uma caçadora de tendências que usa as sensações do seu corpo (fobia a algumas marcas) e de sua psique quase profética, Zandl afirma que muito do que pressentia como tendência era intuitivo e ela não sabia como explicar por que funcionava, embora funcionasse. Assim, a linguagem rebuscada de critérios ditos "científicos", suportada pela disciplina da antropologia[54] na descrição das atividades realizadas pelo Zandl Group

---

[52] Em 1989 foi fundada, na Itália, a Trends Lab, com foco na criação de um centro de inovação em sociologia aplicada ao marketing. Essa empresa foi a base da Future Concept Lab, fundada em 1995 e atuante ainda hoje na captação de tendências, não apenas da cultura jovem.

[53] Informações obtidas em: <http://zandlgroup.com/>. Acesso em: 20 abr. 2015.

[54] A antropologia, nesse novo cenário, apresenta-se como o "novo saber" em pesquisas voltadas para o mercado. Por outro lado, há todo um debate sobre a real necessidade de formação desses profissionais de pesquisas de tendências culturais em cursos "acadêmicos". Em interessante vídeo veiculado pela BBC em 2001 acerca do papel do *coolhunter*, um representante dessa categoria, que tinha um cargo de diretor em uma grande corporação de calçados — a Puma — afirma que não frequentou os bancos das escolas de negócios, que é um "garoto das ruas" e que ser *coolhunter* é entender a cultura de rua (disponível em: <www.bbcactivevideoforlearning.com/1/TitleDetails.aspx?TitleID=23166>. Acesso em: 20 mar. 2015). Nesse sentido, ele está próximo da afirmação do filósofo Theodor Adorno (2006), de que não é preciso ser especialista "na mente humana" para poder agir em conformidade com certo espírito de época: basta pensar como essa época, basta estar

parece ser uma espécie de busca de legitimidade para esse tipo de profissão e de profissional.[55]

De um modo geral, portanto, é na cultura jovem, tomada como subcultura, que se encontrará o que é *cool*. Mas é preciso fazer uma distinção entre a subcultura jovem marginal — criadora do *cool* — e a subcultura jovem de massa, que consome o *cool*. Referindo-se ao livro de Dick Hebdige (1979) — *Subculture: the Meaning of Style* — que discute a origem e a função da subcultura como reação à cultura dominante com uma contínua e forte postura de oposição, Marisa e McCullough (2002) concluem que as corporações estão consistentemente atentas para construir uma ponte entre esse marginal — que resiste à cultura como *status quo*, que a questiona e que se torna, portanto, estabelecedor de tendências —, e o *mainstream*, consumidor das tendências. Daí a necessidade da criação de um sistema eficiente de observação, apropriação, estandardização e comercialização da cultura jovem e, consequentemente, a existência do *coolhunter*, operador de um sistema altamente complexo de pesquisa exploratória e mercado de nichos, a partir do qual as corporações buscam captar as mudanças e capitalizar em torno delas. A procura é por subculturas que possam produzir coisas que venham a ser "mercadológicas". Trata-se de um sistema de "venda de cultura" e ele é significativo em termos do poder e do potencial que dá à mídia, conglomerados e corporações para explorar e apropriar a experiência e a expectativa do que significa ser uma pessoa jovem em nosso mundo social contemporâneo.[56]

---

em sintonia com ela. Nesse sentido, para ser *coolhunter* é preciso, antes de tudo, ser *cool*, segundo os critérios estabelecidos sobre isso.

[55] Não sei se propositadamente ou não, os grandes nomes das pesquisas que focam em tendências, como Faifth Popcorn, Irma Zandl, Melina Davis, são acompanhados por essa aura esotérica, que também permeia a cultura *new age* pós-moderna.

[56] Nesse campo, as fronteiras entre a pesquisa e o anúncio também estão se diluindo. Como parte do seu trabalho, os *coolhunters* também selecionam jovens representativos de seu nicho, que são pagos (muitas vezes através de prêmios)

A década de 1990 também viu emergir um dos grandes produtos da terceira revolução tecnológica: a internet. Para a pesquisadora de tendências culturais Melinda Davis, 1993 foi o ano de virada para um novo mundo, pois foi o do início da expansão da world wide web (www).[57] Esse foi o momento, diz Davis, em que o mundo que conhecíamos deixou de existir, dando origem a uma nova era, que chama de imagética, e que trouxe em seu bojo profundas transformações econômicas, culturais, políticas, subjetivas. Diante disso, também em 1993, Davis fundou o The Next Group, uma empresa voltada para pensar o futuro com orientação em marketing. Mas a autora faz uma crítica à forma de marketing tradicional, com seu "apego excessivo a técnicas de pesquisa", quando deveria buscar inspiração na *"percepção real e genuína das pessoas"* (Davis, 1993:19, grifo meu). Em suas próprias palavras, a função de sua empresa é observar, investigar e analisar "o comportamento humano na teo-

---

para convencer, via "boca a boca", outro número significativo de jovens a comprar certos produtos ou a assistir a certo filme, ouvir certa música etc. Tal prática parte do pressuposto de que há uma rejeição ao anúncio comercial entre os jovens e de que eles acreditarão mais em outros jovens do que na mídia (Marisa e McCullough, 2002). Certamente, podemos estender esse pressuposto para além do público jovem. Por exemplo, no programa *60 minutes*, foi apresentada uma nova técnica de "anúncio", chamada "marketing oculto", que consiste em contratar atores que agem como consumidores "comuns". O programa mostrou três exemplos específicos: no primeiro caso, dois "agentes ocultos" foram a uma cafeteria Starbucks e começaram a brincar com uma nova luva para videogames, de modo a chamar a atenção dos presentes para aquele *gadget* — o que, de fato, aconteceu. No segundo caso, em uma campanha chamada "turistas falsos", um casal de "agentes ocultos" abordou algumas pessoas na rua pedindo a elas que tirassem fotos com seu novo celular, a fim de fazer com que essas pessoas conhecessem o produto. No terceiro e último caso, um adolescente, de 13 anos, entra em uma sala de bate-papo e começa a falar de um filme, visando a que o assunto venha à tona e o filme seja discutido e, obviamente, gere interesse de ser visto. (Dados de reportagem de Safer (2003) intitulada "Undercover marketing uncovered", no programa *60 minutes*. Essa reportagem foi exibida originalmente nos EUA, em 23 de outubro de 2003).

[57] Davis recupera os fatores históricos relacionados à expansão comercial da internet, desde a criação da www, em um laboratório de física em Genebra, em 1991, por Timothy Berners-Lee.

ria e na prática, usando os resultados das descobertas para informar clientes sobre oportunidades de inovação no mercado de consumo e no campo da cultura" (Davis, 1993:17). Autora de um livro no qual apresenta os resultados de uma pesquisa realizada por sua empresa — *Human Desire Project* —, a autora admite que seu trabalho é assumidamente profético, mas mostra como ele está apoiado em uma sólida base intelectual, assim como é bastante pragmático, ou seja, já provou ser eficaz, como atesta a extensa lista de clientes — grandes corporações — que sua empresa atende.

Na década inicial do século XXI, assistimos a uma expansão dessas empresas de tendências, inclusive no Brasil. Segundo o consultor de tendências econômicas Jeremy Rifkin, grandes corporações, como Nike, Disney, Coca-Cola, entre outras, estão sedentas por informações dessas empresas de tendências, pois, "ser capaz de prever as tendências culturais e de transformá-las rapidamente em consumo comercial pode significar milhões de dólares em receita adicional para as empresas" (Rifkin, 2000:149). Ele entende que essa é a fórmula atual para que toda e qualquer experiência humana possa ser transformada em uma ideia passível de conter valor, quando a esfera cultural é impulsionada "inexoravelmente para a esfera comercial" (Rifkin, 2000:7).

A concepção do crítico cultural americano Fredric Jameson (2001) é complementar à de Rifkin: o que há é um movimento que vai da cultura para a economia, no sentido de transformar qualquer forma de manifestação cultural (em sentido amplo, antropológico, e não apenas artístico) em mercadoria. Não é de surpreender que é no domínio das subculturas que essas empresas de tendências buscam captar aquilo que pode se tornar a tendência futura.

Veremos, na próxima seção, como as empresas de pesquisas de tendências culturais também estão diretamente relacionadas à nova lógica de funcionamento do capitalismo reformulado do final dos anos 1970, com reestruturações produtivas, políticas e culturais que tornaram a busca da antecipação permanente para o processo de realização de valor uma questão de vida ou morte para as corporações. Nesse contexto, penso que um aspecto importante a questionar é se essa permanente antecipação da tendência também não aponta para a busca da manutenção das grandes corporações e suas marcas, a fim de se perpetuarem, não deixando mais espaço, de fato, para o surgimento do novo, de novas formas criativas para além de suas fronteiras, assimilando a criatividade através dos caçadores de tendências. Nesse aspecto, Melinda Davis é, mais uma vez, profética: ela aponta para um futuro em que existirão "credos de marcas", um "novo tipo de monoteísmo de mercado no qual os consumidores afiliam-se a uma metamarca única e central, uma autoridade provedora de tudo, um poder maior que provê não apenas produtos e serviços, mas também entretenimento, informação e etos" (Davis, 2003:245). Voltemo-nos para o domínio do *branding*.

A marca como valor: o *branding*

> *Se a mercadoria tivesse uma alma ela seria a mais plena de empatia já encontrada no reino das almas, pois deveria procurar em cada um o comprador a cuja mão e a cuja morada se ajustar.*
>
> (Benjamin, 1989:52)

> *Informam-nos que as empresas têm uma alma, o que é efetivamente a notícia mais terrificante do mundo. O serviço de vendas tornou-se o centro ou a alma da empresa.*
>
> (Deleuze, 1992:224)

O uso da marca e sua importância para os negócios não é algo novo. A ideia de marca como posse de uma ideia ou invenção —

"marca registrada" — remonta ao século XVI, e no século XIX a marca já era utilizada "para aumentar o valor percebido do produto" (Tavares, 1998:3). Ao longo do século XX, a noção de valor da marca foi ficando cada vez mais forte, em especial a partir da emergência do *branding*, que, em inglês, é a forma do gerúndio do verbo *to brand* (marcar) e está intrinsecamente associado ao substantivo *brand* (marca). *Branding* — como *marketing* — é uma palavra de origem inglesa, sem tradução exata para o português. Mas é possível entendermos o *branding* como a ação da empresa em torno da marca, uma gestão estratégica dos negócios que torna a marca seu centro vital. E o paralelo com a palavra *marketing*, aqui, não é por acaso. Marketing está diretamente relacionado a *market* (mercado). Os mercados — como lugares ou transações comerciais — também existem há séculos. No entanto, quando surge a palavra *marketing*, conforme já vimos, há a conotação de um processo de racionalização não apenas em torno dos mercados existentes, de gestão da lógica do seu funcionamento, mas, igualmente, da criação de novos mercados. Ocorre o mesmo quando falamos em *branding*, e o objetivo desta seção é discorrer por que o *branding* surgiu e se tornou tão importante do ponto de vista da cultura do consumo em fins do século XX.

As razões para a centralidade da marca, a ponto de surgir todo um campo dedicado a geri-las, podem ser buscadas em diferentes contextos. Na ascensão do capitalismo financeiro globalizado, as marcas ganharam importância no mercado de ações e conferiram um valor "imaterial"[58] às corporações. A partir de então, ficou claro que as corporações mais valiosas do mundo passaram a valer

---

[58] A identificação da marca como capaz de atribuir um valor imaterial à mercadoria é paradoxal, pois há sempre imaterialidade na mercadoria, mesmo na mais física delas. Foi isso que Marx procurou mostrar ao definir o fetichismo da mercadoria no contexto da forma-mercadoria: que havia algo de abstrato ali, algo que lhe atribuía valor. Mas faltou a Marx alcançar o sentido cultural e subjetivo desse valor no consumo. Discutiremos melhor esse ponto na parte final deste livro.

muito mais pelo valor imaterial de suas marcas do que pelos seus ativos físicos, o que levou à denominação de *brand equity* (Aaker, 1998). Do ponto de vista concorrencial, possuir uma marca forte pode fazer uma enorme diferença no lançamento de novos produtos, na corrida por sair na frente em um capitalismo cada vez mais competitivo e acelerado na busca da realização do valor. Por isso, na gestão de uma marca, tudo pode mudar — produtos, imagens, logomarcas, *slogans* —, mas o nome deve permanecer (Fontenelle, 2013b). Em nível cultural mais profundo, o *branding* significa "marcar o mundo", marcar toda forma de vida. Refere-se ao estágio do capitalismo no qual a "experiência vivida" torna-se mercadoria (Rifkin, 2000), o que significa captar formas de vida não exploradas ou ainda pouco exploradas comercialmente, e, a partir daí, reescrevê-las segundo a "cultura" de uma dada marca — daí a importância dos *coolhunters*.

Como disse na introdução deste livro, foi meu interesse em pesquisar o sentido cultural da marca publicitária, em meados da década de 1990, que me levou, posteriormente, a buscar compreender melhor a cultura do consumo. Naquela época, o termo *branding* sequer era conhecido no Brasil, embora já estivesse surgindo uma literatura específica sobre a importância da marca publicitária para um capitalismo que já se reconfigurava sob os termos "pós-moderno, pós-industrial, pós-fordista, imaterial, do espetáculo, do conhecimento, financeiro", entre outras denominações. E foi por isso que o primeiro fato que chamou minha atenção para uma importância nova da marca publicitária foi algo ligado à produção. Naquela época, grandes corporações começavam a defender o processo de terceirização de seus produtos, a fim de que pudessem se dedicar à gestão de suas marcas. O exemplo clássico dessa lógica por uma corporação/marca passou a ser a Nike, embora, conforme mostrou a análise da jornalista canadense Naomi Klein (2002), a terceirização da produção se espraiou para o mundo dos negócios, que passou, cada vez mais, a comercializar produtos *made in China*.⁵⁹ Aos poucos, foi ficando claro que tudo isso era resultado de um processo mais amplo e complexo: uma reestruturação no capitalismo que começou a ocorrer no final da década de 1970, e que envolveu mudanças profundas não apenas na forma de organização produtiva, como também na política e na cultura de nossa época. Tudo isso também esteve fortemente imbricado à terceira revolução tecnológica, a informática. Tratou-se, portanto, de uma transformação tecnológica, política, econômica e cultural que, desde então, mudou radicalmente o mundo como o conhecíamos.

É por isso que, para Lipovetsky (2007), esse período histórico, pensado do ponto de vista de uma datação cronológica, já se configuraria como a terceira etapa do capitalismo de consumo. Entretanto, prefiro pensar a hegemonia da marca, caracterizada, em especial, pela ascensão do *branding*, como indicativa do momento em que começa a se dar a transição entre as fases II e III da cultura do consumo. É a partir desse momento que a atuação das relações públicas, assim como as ferramentas "tradicionais" do marketing, como o anúncio, a pesquisa de mercado, o *product placement*, entre outras, sofrem uma espécie de metamorfose, passando a gravitar em torno da marca. Somente assim é possível entendermos melhor por que ocorreram mudanças tão profundas no campo do anúncio e das pesquisas comerciais que vigoraram ao longo da segunda metade do século XX. Mas isso só pôde ser compreendido *a posteriori*, ou seja, quando chegamos aqui, no reino da marca, e entendemos que foi sua lógica e sua centralidade que levou à reformulação de todo o resto.

Agora fica claro que foi diante do desafio de veicular e reforçar a marca que os anúncios começaram a operar com o "sem sentido". Lipovetsky (1989) já havia captado isso, quando, ao analisar o

---

⁵⁹ Denominação genérica para as diversas origens, em sua maioria, asiáticas, da produção de grandes marcas globais.

anúncio *nonsense*, indicou de que maneira o ponto essencial, nesse tipo de anúncio, é a inscrição da marca, ou seja, tudo pode desaparecer, desde que fique "apenas um sinal que acende e apaga, o nome da marca".[60] Mas se o anúncio *nonsen*se pode funcionar no nível do imaginário publicitário é porque, no plano da realidade cultural, as corporações deixaram de buscar inspiração no reino da representação e passaram à tarefa de se produzirem como cultura, através de suas marcas. Por isso, quando os primeiros pesquisadores de tendências culturais surgiram na década de 1980, e as empresas *coolhunting* se disseminaram ao longo das décadas seguintes com foco nas subculturas em busca de inspiração para a cultura dos negócios *mainstream*, isso já demonstrava como a marca estava buscando construir a cultura à sua imagem e semelhança, integrando tudo aquilo que poderia ser a diferença, tornando-se nossa segunda natureza. Seguindo Naomi Klein (2002), se na fase anterior da cultura do consumo a meta da Coca-Cola era veicular comerciais com atores mirins bebendo seu produto, nesse novo estágio o que importa é levar os estudantes a debater conceitos para a próxima campanha da Coca-Cola; se antes a marca Roots retirava suas associações e imagens de marca das lembranças juvenis de acampamentos de verão, agora a empresa constrói um hotel campestre Roots para que esse funcione como uma marca tridimensional e opere sua "comunidade de marca"; se a rede de TV esportiva ESPN focava sua programação em jovens que se reúnem em bares para beber e assistir, juntos, seu esporte favorito pela TV, seria melhor transcender essa lógica e lançar uma rede de bares ESPN que, além de vender bebidas, obviamente contém telões com a programação da emissora. Assim, para Klein, "o efeito

---

[60] Lembremos da marca United Colors of Benetton em *outdoors* com exposição de imagens que não traziam seus produtos, por exemplo. Do mesmo modo, pensemos em *slogans* de marca como "Coca-Cola é isso aí"; "*Did somebody say McDonald's?*"; "*Just do it*", entre outros, que não deixam dúvidas sobre o estatuto da marca na cultura do consumo.

do *branding* é empurrar a cultura que a hospeda para o fundo do palco e fazer da marca a estrela. Isso não é patrocinar cultura, é ser a cultura" (Klein, 2002:53).[61] Com esse raciocínio, Klein nos descreve vários processos de *branding*: do conhecimento (a fusão entre marcas com escolas e universidades no desenvolvimento dos seus projetos); da paisagem urbana (a fusão entre marcas e praças, ruas, bairros); da mídia (jornalística e de entretenimento), da música, do cinema, entre outros formatos.

No já mencionado documentário "Persuaders", esse processo também fica evidente, em especial, na "reinvenção" da ferramenta do *product placement* pelo *branding*. Ao mostrar como os profissionais de relações públicas negociam as inserções das marcas nos seriados americanos, o diretor Douglas Rushikoff apresenta o caso do lançamento da Absolut Hunt, um produto da marca Absolut, no

---

[61] Já podemos vislumbrar esse processo de imbricação entre marca e cultura desde a primeira fase da cultura de consumo, como mostra Edward Bernays, em seu livro *Propaganda* (Bernays, 1928:57-58), a partir de vários exemplos. Um dos que ele narra foi uma competição nacional promovida pela The Procter & Gamble Company para a realização de esculturas em seu famoso sabonete em barra da marca Ivory. Esse sabonete já era conhecido por conter ar em sua produção e, portanto, flutuar na água. A empresa promoveu um concurso nacional de esculturas no sabonete, aberto para crianças em idade escolar, de determinadas faixas, assim como para escultores profissionais, pois um escultor de renome nacional havia dito que o sabonete Ivory era um excelente meio para realizar uma escultura. A Procter & Gamble Company ofereceu uma série de prêmios para as melhores esculturas, e o concurso foi realizado sob os auspícios do Centro de Artes da cidade de Nova York, considerada uma organização de alto prestígio no mundo das artes. Os professores e diretores escolares consideraram esse um movimento de ajuda educacional, pois a prática artística era estimulante para crianças em idade escolar. Bernays conta que na primeira dessas competições nacionais apareceram 500 peças, e na quarta edição já havia mais de 4 mil, o que prova, diz ele, que o sabonete estava sendo consumido por motivos além de sua utilidade. Com o *branding*, esse processo se torna mais intenso e complexo, pois sai do domínio de um produto já pronto para o processo de construção de uma cultura de marca, em torno da qual os produtos devem gravitar. Assim, seguindo o raciocínio de Naomi Klein (2002), se em um primeiro momento as marcas se colavam aos eventos ou obras artísticas a fim de se promoverem, agora seu desafio é dar o significado e o lastro a eventos culturais e obras de arte.

seriado americano Sex and the City. Mostrando cenas do seriado e, igualmente, o depoimento de uma das relações públicas responsáveis pela marca, o filme não deixa dúvidas quanto ao que foi feito: a profissional de RP solicitou aos autores do seriado que criassem todo um episódio da série em torno do tema central: o lançamento do produto da marca Absolut, o que foi prontamente atendido. Nesse caso, já não se trata de inserir o produto em um contexto ficcional, mas, sim, de colocar a ficção a serviço da mercadoria.

Tal análise nos permite afirmar que o *branding* indica o momento no qual a cultura se tornou mercadoria, o que, por sua vez, deve ser entendido a partir de dois enfoques diferentes, embora complementares: aquele no qual a cultura é compreendida no sentido artístico, e outro mais complexo, no qual esse sentido artístico de cultura se desfaz — ou se integra — em favor de uma compreensão mais antropológica da cultura.[62] Assim, por exemplo, quando pensamos no *branding* da música, do cinema, do teatro, da mídia, poderíamos dizer que estamos no terreno mais estrito da concepção de cultura em seu sentido artístico.[63] Porém, ao adentrarmos no universo do *branding* da rua, do bairro, da cidade, da comunicação, da natureza, entre outros, estaríamos extrapolando as fronteiras para o sentido antropológico da cultura.

Segundo o escritor peruano Mario Vargas Llosa, já não faz mais sentido fazer essa diferenciação, pois a cultura artística se dissolveu

---

[62] Ambas as definições de cultura foram apresentadas no primeiro capítulo deste livro, a partir da referência do crítico cultural inglês Raymond Williams.

[63] A concepção de Adorno e Horkheimer (1985), de "indústria cultural", também carrega essa ambiguidade, pois, se de um lado os autores apontavam para dispositivos próprios da cultura artística que passaram a ser concebidos e produzidos como uma indústria (as revistas, o rádio, o cinema, a televisão), por outro, havia embutida, também, uma concepção de indústria como cultura, o que nos encaminha para o sentido antropológico do termo. Seja como for, a concepção de indústria cultural guarda uma relação profunda com o *branding*. Não por acaso, é no mesmo contexto histórico da ascensão do *branding* que surge a concepção tão em voga atualmente, de "indústrias criativas".

na acepção adotada pelo discurso antropológico, que considera cultura a soma de "todas as manifestações da vida de uma comunidade: língua, crenças, usos e costumes, indumentária, técnicas e, em suma, tudo que nela se pratica, evita, respeita e abomina" (Llosa, 2013:31). O autor acredita que isso se deu por obra de antropólogos bem intencionados não só em compreender e respeitar as diferentes sociedades por eles analisadas, como, também, em "abjurar o etnocentrismo preconceituoso e racista de que o Ocidente nunca se cansou de recriminar-se" (Llosa, 2013:60). Mas, para ele, quando isso ocorre, a cultura, em seu sentido literário e artístico, perde seu valor, se desnaturaliza e se deprecia: "tudo o que faz parte dela se equipara e uniformiza ao extremo, de tal modo que uma ópera de Verdi, a filosofia de Kant, um show dos Rolling Stones e uma apresentação do Cirque du Soleil se equivalem" (Llosa, 2013:31).

Embora a análise de Llosa vise fazer a autópsia da cultura artística, assim como a crítica ao que denomina "civilização do espetáculo", sua leitura nos permite entender o clima de época que ensejou a ascensão do *branding*: um contexto histórico no qual a ideia de cultura se expande, e que é contemporâneo do mesmo momento da busca de expansão do mercado pelas marcas. É nesse contexto que o *branding* visa tornar a marca uma cultura que, por sua vez, se alimenta das subculturas existentes e devolve sua imagem em um registro comercialmente favorável e palatável. Ao marcar o mundo, o *branding* tornou nossa cultura comercial. E a tentativa de escapar a isso, a busca por construir um estilo próprio, genuíno, em algumas subculturas, torna-se, paradoxalmente, a matéria-prima da reinvenção permanente da marca.

Fica evidenciado, assim, o papel central das pesquisas de tendências culturais e sua associação inextricável ao campo da antropologia. É nesse sentido que as culturas ditas "exóticas", por exemplo, ganham *status*, ao se tornarem fonte de inspiração para novos produtos, serviços, imagens e formas de comunicar. Se cultura passa a ser compreendida como "a soma de crenças, conhecimentos, linguagens, costumes, indumentárias, usos, sistemas de parentesco, em resumo, tudo o que um povo diz, faz, teme ou adora" (Llosa, 2013:60), o *branding* nada mais é do que a busca do reconhecimento desses códigos e padrões, reinterpretados segundo a lógica da cultura da marca. É somente aqui que podemos também entender o sentido mais profundo do argumento de Fredric Jameson acerca da imbricação entre cultura e economia, pois, se como afirmei na seção anterior, o *coolhunting* mostra esse movimento que vai da cultura para a economia, que é captar toda forma de cultura que possa ser transformada em mercadoria, há igualmente um sentido inverso, que vai da economia para a cultura e que consiste em atribuir uma marca a objetos já existentes e, aparentemente "banais", no sentido do seu "valor de uso",[64] o que passa a lhe conferir um sobrevalor. A marca, pensada como cultura, renomeia os objetos existentes a partir de sua lógica.

Em tempos de mídia social, o especialista em branding Douglas Holt, para quem "o sucesso da marca depende da inovação na cultura" (Holt, 2016:25), propõe uma nova estratégia de branding: o uso da *crowdculture* — as subculturas potencializadas em tempo de mídia social — e de suas ideologias na construção da marca cultural. Para esse autor, o investimento da marca na *crowdculture* seria um passo a mais na aposta das pesquisas de tendências. O novo momento, para ele, é "direcionar novas ideologias que se espalham pelas *crowdcultures*" (Holt, 2016:32), o que levará a marca a se destacar em um ambiente de mídia já sobrecarregado. O autor dá vários exemplos de marcas que se destacaram ao se ligarem a uma *crowdculture*. Na perspectiva de Holt, essa é uma estratégia diferente daquela na qual as empresas ficam dependentes de relatórios de tendências. Sem dúvida, o autor tem razão se o foco for mesmo os tradicionais relatórios de tendências, vendidos por certas

---

[64] Um copo de plástico com imagens de um filme da Disney; um lápis com a logomarca de um museu famoso etc.

empresas que se constituíram a partir disso, visto que, se todos compram as informações sobre tendências, perde-se o potencial competitivo das mesmas. Mas a busca pela ideologia da *crowdculture* não deixa de ser a busca por uma tendência, qual seja, a compreensão e transformação de uma ideia, de um valor, de um comportamento presente em uma subcultura — que se transformou em multidão em razão do potencial de multiplicação da internet — em uma marca cultural. Um dos exemplos dados por Holt a esse respeito não deixa dúvidas: o reposicionamento da marca de desodorante AXE ao apoiar a subcultura *laddish*, considerada uma "forma irônica de sexismo", que surgiu nos anos 1990 contra o discurso "politicamente correto" da política de gênero. Com berço no Reino Unido, espalhando-se rapidamente para os Estados Unidos, essa subcultura acabou promovendo publicações irreverentes e migrando para a web, onde se transformou em uma *crowdculture*. A empresa proprietária da marca AXE decidiu reposicioná-la atrelando-a ao movimento *laddish*, com uma "campanha que levou fantasias sexuais politicamente incorretas a extremos. Ela se espalhou como fogo na internet e rapidamente estabeleceu o desodorante como líder da comunidade *laddish*" (Holt, 2016:33).

Nenhum outro livro captou tão bem todo esse processo de investimento na pesquisa e identificação de subculturas do que *Reconhecimento de padrões*, do escritor *cyberpunk* William Gibson. Lançado originalmente em 2003, o livro descreve fielmente o mundo das marcas globais, dos caçadores de tendências, das comunidades virtuais *cool* e, finalmente, da fusão entre marca e cultura. Nesse livro, Gibson cria uma personagem, uma *coolhunter*, que tem uma sensibilidade fina para detectar mudanças sutis no comportamento social e que recebe fortunas das corporações para as quais trabalha como *freelancer*. Em entrevista que deu ao jornal *Folha de S.Paulo* por ocasião do lançamento do livro no Brasil, Gibson, assumiu certa crise em sua relação com a ficção científica, ao afirmar:

A evolução das táticas do capitalismo mundial, personalizadas na *coolhunter* Cayce Pollard [me fez pensar] que estivesse inventando também as técnicas de guerrilha de marketing que cito no livro. Mas, depois que ele ficou pronto, descobri que todas as minhas técnicas "imaginárias" já vinham sendo testadas (Gibson, 2003b).[65]

Sem dúvida, nada do que Gibson narra em seu livro representa um mundo distante, passível de ser retratado em ficção científica. Trata-se do nosso mundo, aqui e agora. Através do livro, a ideia de *branding* como reconhecimento, apropriação e gestão de padrões culturais, é apresentada com nitidez, não só através do trabalho da personagem Cayce Pollard como também de todos os demais personagens, cada um como que representando a "missão" de apresentar os ultramodernos aparatos de pesquisa e divulgação da marca publicitária que possibilitaram a fusão entre marca e cultura. Ao descrever seu trabalho, diz Cayce:

> É como um padrão de comportamento de grupo ao redor de uma classe particular de objetos. O que eu faço é reconhecimento de padrões. Tento reconhecer um padrão antes que outros o façam e depois aponto um marcador de *commodity* nele, e [depois] ele é

---

[65] Sobre a relação entre o livro de William Gibson (2003a) e o gênero ficção científica, ver também artigo de Fredric Jameson (2003). Acredito que outro autor de ficção científica, Phillip Dick (2009), pôde alcançar o real sentido dessa lógica contemporânea dos *coolhunters* a partir de um período mais distante e com consequências mais perturbadoras. Em 1969, ao escrever Ubik, Dick descreveu um futuro no qual empresas empregavam paranormais (telepatas, *precogs*) como talentos psíquicos capazes de prever negócios futuros (alguma semelhança com os *coolhunters*?). Por sua vez, esse fato levou ao surgimento de outro tipo de organização: empresas de segurança *antipsis*, que também empregam paranormais, dessa vez voltados a rastrear e neutralizar o trabalho de seus congêneres nas demais empresas. Como pano de fundo, um mundo sombrio, em que até mesmo a morte virou mercadoria, através de um processo de extensão da vida através do cérebro (os mortos "vivem" em uma semivida paralela, até que seus cérebros se desliguem de vez).

produzido, transformado em unidades. Comercializado no mercado [Gibson, 2003a:104].

Voltaremos a Cayce Pollard no capítulo III do livro, quando discutirei o papel do *coolhunter* no processo de reconhecimento de padrões em um mercado global computadorizado — o que indica que o *branding* permanecerá sendo um ponto central na próxima fase da cultura do consumo. Mas, dessa vez, o *branding* se deixará entrever por meio da análise de duas formas presentes na cultura do consumo contemporânea — o consumo da experiência (e, no seu contexto, o prossumo), e o consumo responsável — e, ao final, nos permitirá entender o real sentido de se afirmar que a nossa cultura é uma cultura do consumo. Em outras palavras, veremos como a marca é a realização plena do fetichismo da mercadoria.

III. FORMAS CONTEMPORÂNEAS

A Nova York do final dos anos 1990 testemunhava a transição inconsútil da cultura da nicotina para a cultura do celular. Num dia, o volume no bolso da camisa era o maço de Marlboro; no dia seguinte era um Motorola... nem é preciso dizer, não houve debate algum. O celular não era uma dessas modas, como tomar Ritalina ou usar guarda-chuvas grandes, às quais se contrapõem com disposição significativos bolsões de resistência civil. Seu triunfo foi imediato e total.

(Franzen, 2012:22-23)

Uma parte considerável da linguagem gestual de lugares públicos, que um dia pertencera aos cigarros, agora pertencia aos celulares. Figuras humanas, um quarteirão abaixo, em posturas profundamente familiares, não estavam mais fumando.

(Gibson, 2014:133)

O capítulo III deste livro é dedicado a entender de que maneira a cultura do consumo vem se reinventando na contemporaneidade, a partir dos impactos de dois eventos centrais: as novas tecnologias da informação, oriundas da terceira revolução (a "revolução técnico-científica-informacional") e a crise ambiental. Certamente, muito haveria a ser dito sobre como esses dois acontecimentos têm impulsionado transformações atuais na linguagem publicitária, nas pesquisas de mercado de tendências culturais, na atuação das relações públicas, na imbricação, cada vez maior, entre cultura do consumo e "indústrias culturais", no *branding*. E essa seria uma tarefa quase inesgotável, tamanho o impacto que esses dois eventos vêm provocando nesses meios, tanto quanto possibilitando o surgimento de novos espaços e temporalidades no contexto da cultura do consumo. Como, então, falar sobre a cultura do consumo neste início de século, a partir de uma perspectiva que contemple as mudanças em todos esses meios, mas consideradas segundo um ângulo novo? Penso que isso é possível a partir da análise de duas formas que vêm sendo modeladas pela cultura contemporânea do consumo, as quais já se apresentavam como tendência nas décadas de 1980-1990, mas, decididamente, pertencem a este novo século. Refiro-me ao que a literatura mercadológica e acadêmica, no campo dos estudos do consumo, vem denominando de "consumo cultural, emocional, hedônico, estético, experiencial"; assim como, de "consumo sustentável, consciente, ético, ecológico, responsável". Como se pode constatar, são muitos os termos e, portanto, os níveis de compreensão e interpretação para cada uma dessas formas. Além disso, elas aparentam tomar direções opostas no que diz respeito ao futuro da cultura do consumo, sendo que a primeira parece dar continuidade à lógica analisada ao longo deste livro, enquanto a segunda parece indicar uma espécie de negação dessa lógica. O objetivo das próximas seções é dar um panorama geral sobre essas duas formas que vêm se configurando na cultura do consumo, assim como esclarecer sobre esse aparente paradoxo entre uma configuração que convida ao prazer enquanto outra remete ao dever. A essas duas formas, pelas razões que deverão ficar claras ao longo do texto, denominarei "consumo da experiência" e "consumo responsável".

Antes, porém, é importante acentuar que, embora esteja dando um destaque importante ao papel das novas tecnologias, obviamente elas não foram as únicas condutoras do processo. O solo histórico comum ao surgimento dessas formas é, evidentemente, o conjunto de transformações políticas, econômicas, sociais, culturais e, especialmente, tecnológicas (na medida em que essas *favoreceram* as demais) que começaram a ocorrer a partir do final da década de 1970. Foi, em especial, nas décadas de 1980-90 que essas mudanças se fizeram sentir mais fortemente, a partir da ascensão do projeto neoliberal, das reestruturações produtivas e no mundo do trabalho, e de uma dilatação da esfera da mercadoria para o campo da cultura, formatando um mundo no qual "a cultura se tornou uma verdadeira segunda natureza" (Jameson, 1996:13). A essa nova "lógica cultural do capitalismo tardio", Fredric Jameson denominou "pós-modernismo", no sentido de "chamar a atenção para mudanças nas esferas do cotidiano e da cultura" (Jameson, 1996:25) no contexto mais amplo das transformações políticas, tecnológicas e econômicas. Sem dúvida, a descrição de Jameson está embutida na análise que faço sob a denominação terceira fase da cultura do consumo e cabe bem em muitas das características do "consumo da experiência". Mas, como já vimos, a cultura do consumo é anterior ao período considerado por Jameson como pós-moderno; por isso, não podem ser tomados como sinônimos. A propósito, quando começou a pensar esse novo estágio do capitalismo, que tem no pós-modernismo sua lógica cultural, Jameson também analisava aquilo que considerou uma "nova e estranha paisagem" que se revelava em meados da década de 1980, oriunda, segundo sua análise, da cristalização do sistema econômico e das alterações na "estrutura de sentimento cultural"[66] resultante das inúmeras transformações ocorridas a partir dos anos 1970 e

---

[66] Uma referência de Jameson ao conceito de *structure of feeling* de Raymond Williams, em sua discussão acerca da cultura em *The long revolution* (1965). Vale também mencionar que, embora o livro de Jameson acerca do "pós-modernismo"

que, portanto, podem ser tomados como o ponto de ebulição das transformações que moldaram a cultura do consumo desde então.

É importante destacar a coincidência histórica (década de 1980) entre as publicações, no campo do marketing, sobre "a experiência de consumo" e publicações de críticos culturais, como Jameson, sobre as transformações nas sensibilidades e nas manifestações culturais daquela época. Algo parecia estar, de fato, mudando no cenário cultural mais amplo, que o campo do marketing começou a reinterpretar como sendo uma busca de experiência pelo consumo. E às transformações ocorridas nesse "*habitus* psíquico" (Jameson, 1996:23) somou-se algo radicalmente novo, que só se fez sentir, de fato, na cultura do consumo, a partir do novo milênio: o impacto das novas tecnologias, com a disseminação dos computadores e da internet, a partir dos anos 1990, e todas as possibilidades que elas abriram no cotidiano, nas formas de percepção e de ação humanas.

Assim, a cultura do consumo, nesse seu terceiro momento, se caracteriza pela junção das novas tecnologias com as "sensibilidades" que, já em transformação nas décadas anteriores, mudam ainda mais em razão do próprio impacto das novas tecnologias. Lipovetsky e Serroy (2015) denominaram esse novo momento "capitalismo artista" ou "transestético". Os termos não deixam de ser interessantes, no sentido de ressaltar a força da dimensão estética no capitalismo contemporâneo. Mas, como os próprios autores admitem, cada estágio do capitalismo teve seu desenvolvimento artístico, o que faz com que o termo perca muito de sua força como justificativa para a novidade desse terceiro momento. Considero que o termo "cultura do consumo" ajuda a compreender melhor o momento histórico que vivemos, visto que a expressão permite entender aquilo que é inerente ao capitalismo desde as décadas finais

---

tenha sido publicado originalmente em 1991, é uma versão ampliada dos textos iniciais do autor que remontam ao início da década de 1980.

do século XIX — a cultura do consumo — e que vai absorvendo o que há de mais amplo na realidade de uma época, integrando suas outras esferas, inclusive a cultural, na esfera das trocas econômicas. Isso fica claro, por exemplo, com a emergência da noção do consumo responsável que, como veremos, extrapola os domínios da cultura do consumo e sequer foi por ela iniciado. Mas as questões da responsabilidade e da "ética" vêm sendo cada vez mais apropriadas pela esfera do consumo, a partir da produção de um "consumidor responsável" pelo meio ambiente, pelo outro e por si mesmo. Nessa linha, conforme Jeremy Rifkin (2000:141),

> tendências contraculturais têm se tornado alvos especialmente atraentes para a expropriação dos profissionais de marketing. Questões ambientais, preocupações feministas, a defesa de direitos humanos e causas de justiça social são temas que passaram a ser usados nas campanhas de marketing. Ao identificar produtos e serviços com questões culturais controvertidas, as empresas evocam o espírito rebelde de seus clientes contra o *establishment* e fazem as compras representar atos simbólicos de compromisso pessoal com as causas que invocam.

A cultura do consumo, nesse seu terceiro momento, integra, portanto, princípios estéticos e éticos com o duplo desafio de atender a um imperativo econômico do capitalismo, assim como às transformações culturais e subjetivas que a própria cultura do consumo ensejou em suas fases anteriores e que se intensificam nessa sua atual fase tecnológica. Assim, as transformações históricas que moldaram esse terceiro momento serão abordadas a partir de diferentes facetas no que diz respeito aos seus impactos na cultura do consumo e na constituição de suas novas formas. Por isso, aspectos específicos dessas transformações serão resgatados à medida que se tornarem importantes para esclarecer essas formas contemporâneas do consumo, como ficará claro a seguir.

O consumo da experiência para além da experiência de consumo

> Narrativa. Consumidores não compram produtos, mas narrativas.
>
> (Gibson, 2014:33)

> Uma corporação mamute como esta — ela incorpora experiência demais. Tem uma espécie de mente coletiva [...] Nossa mente [...] Eles estão lutando pelo controle de nosso eu psíquico.
>
> (Dick, 2007:67-88)

Antecedentes

Lembro-me, com certo grau de certeza e até onde a minha memória me acompanha, da primeira vez em que ouvi falar em "indústria de experiência", ou *da* experiência, como a principal mercadoria do capitalismo, ao ler o livro *O choque do futuro*, do cientista social e também futurólogo Alvin Tofler (1973). Mesmo tendo acesso a essa análise em meados da década de 1980, portanto mais de uma década após sua publicação original, a leitura ainda teve, para mim, um gosto de ficção científica, em um período em que cursava psicologia e me interessava, particularmente, pela questão levantada por Tofler sobre a importância da "realização psíquica", foco dos futuros "fabricantes de experiência".

Quase meio século depois da publicação dos escritos de Tofler, já é possível sair do campo da futurologia[67] e aceitar o fato de que

---

[67] O autor adverte que futurologia não é adivinhação; é baseada em dados. Requer, evidentemente, um trabalho imaginativo, intuitivo, sobre esses dados, assim como muitas reservas sobre se e como esses eventos futuros tomarão forma.

muitas análises contemporâneas sobre a experiência de consumo já haviam sido feitas por aquele autor, que cunhou o termo "indústria de experiência" com o objetivo de indicar o surgimento de uma nova forma de economia voltada a "prover as gratificações psíquicas dos consumidores" (Tofler, 1973:182-183). Os indícios ou dados concretos captados pelo autor já estavam presentes naquilo que denominei fase II da cultura do consumo, ou seja, Tofler analisou o que vinha ocorrendo na década de 1960, em especial na sua segunda metade para, a partir de então, compreender o que se desenhava como tendência para as próximas décadas. A partir de uma cultura do consumo já amplamente desenvolvida, como a americana, e no contexto da emergência da contracultura, o autor pôde prospectar os desdobramentos futuros nesse campo, qual seja, o campo da relação entre cultura e consumo. E o futuro do consumo, previa Tofler, seria cada vez mais dirigido para satisfações estéticas e sensoriais dos consumidores. O autor nos mostra claramente como a ênfase na gratificação psíquica migraria do oferecimento de produtos manufaturados para serviços e, finalmente, para a própria experiência como mercadoria. Embora escrevendo a partir de uma época que ainda não havia vivido as transformações tecnológicas do nosso tempo, o autor foi premonitório ao indicar como, no futuro, haveríamos de ser "a primeira cultura da história humana a empregar a alta tecnologia para manufaturar o produto mais efêmero e, ainda assim, o produto mais duradouro do patrimônio humano: a experiência humana" (Tofler, 1973:196).

Foi somente na década de 1980 que essa discussão chegou ao contexto dos estudos do consumo, em especial aos relacionados às pesquisas de comportamento do consumidor. Os artigos de Holbrook e Hirshman (1982) e Hirshman e Holbrook (1982) — publicados praticamente ao mesmo tempo —, são considerados o marco inicial da literatura acadêmica sobre a experiência de consumo. O artigo de Hirshman e Holbrook (1982) — "Hedonic consumption: emerging concepts, methods and propositions" — é o que prepara o terreno para a proposta do conceito *consumption experience*, que só aparece, de fato, no artigo de Holbrook e Hirshman (1982), "The experiential aspects of consumption: consumer fantasies, feelings, and fun". Ao começarem sua discussão com ênfase no consumo hedônico, o que os autores buscam defender é uma abordagem de pesquisa em marketing que privilegie os aspectos simbólicos do consumo. Definindo consumo hedônico como aquele que designa "aquelas facetas do comportamento do consumidor que, em sua experiência com os produtos, estão relacionadas aos aspectos multissensorial, de fantasia e emotivos" (Holbrook e Hirshman, 1982:92, tradução livre), os autores constatam uma perda relativa de interesse pelos profissionais de marketing, nesse tema, a partir da década de 1970. O objetivo do artigo, portanto, é enfatizar a importância dos aspectos simbólicos do consumo, resgatando suas origens históricas, assim como propondo métodos de compreensão desse tipo de consumo no campo do marketing a partir da década de 1980, quando o artigo foi escrito.[68]

---

[68] Conforme vimos no capítulo I deste livro, há toda uma literatura que explica o nascimento do marketing a partir de sua separação da economia, justamente quando o marketing, apoiando-se em estudos sociológicos e psicológicos, passa a defender uma visão de consumidor diferente daquele ser inerentemente racional, como pregava a teoria neoclássica. No entanto, a acreditarmos nos escritos de Holbrook e outros autores do campo, ainda assim prevaleceu no marketing, em especial a partir da década de 1970, uma visão profundamente racional do consumidor. Mas talvez seja importante ver que isso foi algo mais da disciplina acadêmica do marketing do que de sua prática. Também vimos como o campo da publicidade — que já se colocava como um espaço separado do marketing — sempre se baseou em perspectivas bem menos racionais do consumidor. Em entrevistas recentes, Holbrook admitiu que seu interesse em explorar o tema da experiência do consumo se deveu ao fato de que os estudos acadêmicos em marketing, em especial a partir da década de 1970, abandonaram a abordagem qualitativa (devido à dificuldade de comprovação), e o enfoque passou a ser fortemente quantitativo e positivista. Com formação qualitativa, inclusive em estudos psicanalíticos, Holbrook não compartilhava dessa visão. Além do mais, Holbrook tinha, a seu favor, as transformações econômicas e socioculturais da década de 1980, as quais já apontavam para a necessária ascensão dos serviços, em detri-

Hirshman e Holbrook (1982) compreendem que a discussão acerca do consumo hedônico tem um importante precursor no campo do marketing, a saber, a pesquisa motivacional (*motivational research*), que foi bastante utilizada entre as décadas de 1950 e 1970 e cujo principal expoente foi o psicanalista austríaco Ernest Dichter (1960). O foco da pesquisa motivacional estava, justamente, "nos aspectos emocionais dos produtos e nas fantasias que os produtos poderiam despertar ou realizar" (Hirshman e Holbrook, 1982:92, tradução livre). No entanto, segundo os autores, a orientação fundamentalmente clínica dessas pesquisas levou a questionamentos do campo acerca de seu rigor e de sua validade, o que fez com que suas contribuições se tornassem limitadas ao longo do tempo. Ainda que admitam que as limitações metodológicas — de teorização e medição — continuem representando os principais desafios para a configuração do campo de pesquisa em consumo hedônico, os autores insistem que há muito a ser discutido e proposto — e também a se ganhar pragmática e conceitualmente — através do uso de abordagens de pesquisa focadas nos aspectos subjetivos, estéticos e intangíveis do consumo. Basta que se trabalhe melhor, segundo eles, na proposição de conceitos e métodos que possam ser eficazes na compreensão da perspectiva hedônica do consumo e que possam contribuir para o campo da pesquisa em marketing sobre o comportamento do consumidor.

Com esse desafio, os autores apresentam o significado dos aspectos multissensoriais, de fantasia e emocionais relacionados ao consumo. Compreendem os aspectos multissensoriais como as modalidades de sensações presentes no processo de recebimento de uma experiência: os sabores, sons, aromas, impressões táteis e imagens visuais, ou seja, as sensações advindas pelos nossos órgãos dos sentidos. Buscando demarcar a diferença entre a pesquisa

---

mento dos produtos manufaturados, como novo espaço de expansão da cultura do consumo.

tradicional em marketing e a pesquisa com ênfase no consumo hedônico, os autores destacam que, enquanto a primeira preocupa-se apenas com um aspecto sensorial (um teste de sabor de um produto, por exemplo), a segunda busca entender o desencadeamento de outras sensações que o efeito sensorial provoca, resultando em imagens multissensoriais. Dão um exemplo com o aroma de um perfume: sentir tal aroma não apenas desperta a sensação (boa ou ruim) do cheiro, mas também desencadeia outras sensações internas que podem estar associadas a imagens sensoriais: lembranças de experiências passadas relacionadas ao uso do perfume ou a criação imaginária de uma experiência que possa estar relacionada ao seu uso. Com relação a esse último aspecto, os autores introduzem a segunda categoria referente ao consumo hedônico: a fantasia, que também pode estar relacionada a uma experiência vivida ou pode ser apenas fruto da imaginação. Por fim, Hirshman e Holbrook apresentam sua compreensão sobre as emoções no consumo com ênfase nas respostas emocionais dos consumidores e que envolvem sentimentos como alegria, raiva, inveja, medo, arrebatamento — respostas essas compreendidas como "excitações emocionais", uma vez que envolvem aspectos ao mesmo tempo físicos e mentais. Embora, segundo os autores, as emoções no consumo raramente sejam compreendidas pelo ponto de vista das pesquisas tradicionais em marketing,[69] elas são fundamentais na compreensão das motivações dos consumidores para qualquer tipo de produto, como cigarro, comida ou roupa, mas, em especial, para certas "classes de produtos", aquelas que os autores vão explorar ao longo do texto, quais sejam, as relacionadas a categorias de produtos que

---

[69] Os autores destacam duas exceções importantes de autores considerados precursores do consumo hedônico no marketing: os textos de Sidney Levy, um deles publicado em 1959 na *Harvard Business Review*, e o texto de Grubb e Grathwohl, de 1967, publicado no *Journal of Marketing*.

podemos chamar de "culturais": romances, peças de teatro, filmes, concertos, eventos esportivos, entre outros.[70]

No segundo artigo, escrito em 1982, "The experiential aspects of consumption: consumer fantasies, feelings, and fun", os autores apresentam, finalmente, a concepção de experiência de consumo (*consumption experience*) como "um fenômeno voltado para a busca de fantasias, sentimentos e diversão" (Holbrook e Hirshman, 1982:132), com base no que denominam uma *experiential view*, em contraposição ao paradigma prevalecente no campo dos estudos do comportamento do consumidor, a saber, o modelo de processamento de informação (*information processing model*). Os autores propõem que a perspectiva experiencial se apoia em "uma interpretação fenomenológica do consumo como um estado essencialmente subjetivo da consciência, envolvendo uma variedade de significados simbólicos, respostas hedônicas e critérios estéticos" (Holbrook e Hirshman, 1982:132). Como no artigo discutido anteriormente, os autores vão pontuando distinções entre as duas perspectivas referentes às pesquisas do comportamento do consumidor, a fim de demonstrar de que maneira a experiência de consumo possibilita uma compreensão mais ampla sobre o que, de fato, envolve o ato de consumir. O artigo não abandona de vez a concepção do consumo hedônico, mas passa a trabalhar com a

---

[70] Não é por acaso que o foco está nesse tipo de produto. Como vimos, a década de 1980 marca o apogeu da passagem da sociedade industrial para uma sociedade de serviços, em especial serviços de entretenimento. É quando começam a se intensificar publicações relacionadas ao tema do entretenimento, cujos precursores foram Guy Debord — com *A sociedade do espetáculo* — e Adorno e Horkheimer (1985), com o conceito de indústria cultural, que marca o processo de industrialização e de mercantilização do campo das artes, um estágio da cultura em que, de fato, tudo viraria entretenimento, não haveria mais a alta/baixa cultura, uma vez que tudo seria mediado pelo consumidor médio e pela busca do entretenimento de massa. A questão central aqui é que, com a ascensão de uma cultura do entretenimento, a lógica do autocontrole, das paixões contidas, que circunscreviam, ainda, a cultura mais ampla, descola-se de vez da ética do trabalho para a ética do consumo, como os movimentos contraculturais da década de 1960 já indicavam.

concepção de "resposta hedônica" no consumo, deixando entrever a relação profundamente próxima que estabelece entre a concepção de *consumption experience* com as noções de prazer e diversão. Nesse sentido, embora continuem considerando que todos os produtos, não importam quão comuns sejam, carregam um significado simbólico, o foco maior é direcionado para aquela classe de produtos na qual o papel simbólico é especialmente importante: no entretenimento, nas artes e nas atividades de lazer (Holbrook e Hirshman, 1982). Os autores destacam que essas são áreas que passaram a receber uma atenção cada vez maior dos pesquisadores ligados ao campo de estudos do comportamento do consumidor, uma vez em que estão atreladas a uma gama imensa de "produtos", tais como gravações musicais, desenhos de moda, estilos arquitetônicos, pinturas, exibições em museus, romances, concertos, artes performáticas e atividades de lazer em geral.

Nos anos que se seguiram a essas publicações, outros trabalhos apresentados no campo do marketing, alguns, inclusive, trazendo contribuições adicionais de Hoolbrook e Hirshman, deram continuidade ao debate em torno do papel e da importância das emoções na experiência do consumo.[71] E por ocasião dessas contribuições adicionais, em especial na revisão da literatura que fez para um livro acerca das pesquisas sobre o consumidor (Holbrook, 1995), assim como ao publicar uma extensão da revisão da literatura, denominada pelo autor "a recente e crescente safra de livros

---

[71] Toda a questão, no interior do marketing acadêmico, continua sendo sobre que tipo de emoção pode ser estimulada e como medi-la e validá-la. Carù e Cova (2003), por exemplo, fazem uma extensa crítica à proposição mercadológica de se vender experiências extraordinárias (e também à maneira como tal fato vem sendo respaldado pela área acadêmica do marketing) e apontam que isso pode colocar um beco sem saída tanto do ponto de vista gerencial quanto da teoria em marketing, visto que não é possível se sustentar psíquica e teoricamente a proposição de tantas experiências memoráveis via mercado. Outros acadêmicos, como Lanier e Rader (2015), argumentam que o marketing precisa considerar experiências não funcionais e que, para abordá-las, é necessário mudar as perspectivas teórica e metodológica que o marketing tradicionalmente enfatizou.

de autoajuda gerenciais sobre o tema do marketing experiencial"; Holbrook (2006:259) assume que o termo é mais antigo do que ele supunha ser quando escreveu seus artigos iniciais com Elizabeth Hirshman. Resgatando as raízes do termo, lembra como, já em 1957, um importante teórico de marketing, Wroe Alderson, havia enfatizado a importância da experiência de consumo em seu clássico trabalho *Marketing Behavior and Executive Action*. Nesse mesmo período, ainda segundo Holbrook, o economista Larence Abbott (1956), ao escrever *Quality and Competition: an Essay in Eonomic Theory*, reforçou a importância que os produtos têm em promover experiências de consumo como base de valor para o consumidor. Holbrook lembra, ainda, o "tratado" de Stanley Lebergott (2014), escrito originalmente em 1993, *Pursuing Hapiness: American Consumers in the Twentieth Century*, que traça as origens do conceito desde os trabalhos de John Maynard Keynes e Alfred Marshall até os *insights* encontrados nos escritos de Adam Smith.

Os textos iniciais de Holbrook e Hirschman, assim como os textos posteriores nos quais Holbrook buscou fazer um acerto de contas com as raízes do termo "experiência de consumo" na literatura do marketing, constatam uma evidência: a experiência de consumo é inerente à cultura do consumo e, portanto, esteve presente desde sua constituição. Como vimos, as lojas de departamentos já buscavam atrelar uma experiência de compra que estava além da simples aquisição da mercadoria. Essas lojas eram projetadas — desde seu exterior, a partir das suas arquiteturas espetaculares — com interiores mágicos, estilizados, repletos de imagens sedutoras que apelavam a um imaginário de consumo. As fachadas espetaculares e suas vitrines de sonhos incitavam o consumidor a entrar em ambientes também fascinantes e instigavam o desejo da compra.[72] Por isso, Lipovetsky e Serroy (2015) atestam que a

---

[72] É importante lembrar como a técnica sempre foi uma "parceira" indispensável da cultura do consumo. Naquele momento inicial, a energia elétrica e o vidro — que permitiram a existência das vitrines — foram inovações extraordinárias que

revolução iniciada pelas lojas de departamentos ainda não terminou. Segundo esses autores, ela teve continuidade com a criação do *shopping center*, na segunda fase da cultura do consumo, e, agora, é resgatada pelo "marketing experiencial", através da invenção de lojas de experiência, lojas-conceito, entre tantos outros formatos voltados a, cada vez mais, oferecer sensações estéticas, sensoriais e emoções aos consumidores.

A experiência atrelada ao ambiente de venda visa à associação da mercadoria com alguma imagem ou cenário que provoque certa construção no reino da fantasia e leve ao desejo de compra. No já mencionado estudo do sociólogo Richard Sennett (1998), temos vários exemplos de como isso ocorria nas lojas de departamentos, por exemplo, com a exposição de uma frigideira no contexto de uma "réplica de harém mourisco", apelando a um imaginário de época no qual o orientalismo apresentava-se como o exótico dos países distantes. Isso tudo tinha por objetivo gerar um "ato de desorientação: o estímulo à compra resultava de uma aura temporária de estranheza, de mistificações, que os objetos adquiriam" (Sennett, 1998:183). Revestindo os objetos de significações além de sua utilidade, esses ambientes tornavam as "mercadorias estranhas" e, portanto, sedutoras, provocando o desejo de possuí-las. E esse artifício foi intensamente utilizado pelas primeiras lojas de departamentos, em especial, na decoração das vitrines espetaculares e no *design* interno das lojas.

Do mesmo modo, no plano da linguagem do consumo, ou seja, das técnicas publicitárias utilizadas para instigar o desejo da compra, o anúncio comercial também sempre teve o objetivo de capturar o olhar do consumidor para imagens espetaculares e sedutoras. Essa técnica, que foi utilizada desde os primórdios da cultura do consumo — começando com o cartaz publicitário, uma

---

fascinaram o olhar. Diversos romances do final do século XIX e início do século XX retrataram a importância dessas invenções técnicas no contexto de uma nova formação cultural.

nova estética que surgiu já na segunda metade do século XIX e que lançava mão de grandes artistas da época para dar "nobreza a um suporte com vocação exclusivamente comercial" (Lipovetsky e Serroy, 2015:215) — teve seu momento áureo, como vimos, com o anúncio comercial eletrônico que, por meio da televisão, passou a produzir imagens fantásticas, como as que associam o sabonete ao sonho de beleza, ou a sopa ao da harmonia familiar. Nessa linha, a promessa de certas sensações e emoções — atrelada ao uso do produto ou serviço — persiste até hoje, tendo se aperfeiçoado e se intensificado através de novos formatos de anúncios impregnados de dimensões simbólicas e de imaginários que evocam experiências de consumo muito além do campo usual do produto.

Se assim é, ou seja, se a experiência de consumo é constitutiva da cultura do consumo, por que a inflação do debate contemporâneo em torno da experiência como se isso fosse algo completamente novo? Pois nunca se publicou tanto, livros e artigos, no campo dos estudos do consumo, em especial na área de marketing, sobre esse assunto.[73] Isso porque, do mesmo modo, nunca se apelou tanto ao consumidor, nos discursos e práticas mercadológicas, a "viver" ou "consumir" uma experiência. O que, então, o discurso atual traz na novidade de se usar o termo, nessa terceira fase da cultura do consumo?

"A novidade é que as sensações representam um tipo de produto econômico já existente, mas ainda não articulado", respondem Gilmore e Pine (1999:7), autores do livro *O espetáculo dos negócios*. E "por que agora?" — também se perguntam eles, adiantando que

> parte da resposta está na tecnologia que permite o oferecimento de tantas sensações, e parte, no aumento da concorrência que orienta a busca pela diferenciação. Mas a resposta mais abrangente tem a

---

[73] A propósito disso, a crescente literatura sobre o tema da experiência na cultura do consumo — seja no campo acadêmico, seja na esfera mercadológica — só vem confirmar, de fato, como a experiência se tornou mercadoria.

ver com a natureza do valor econômico e sua progressão natural de *commodities* a bens e serviços e, então, a sensações. Um motivo adicional para o surgimento da Economia da Experiência é, naturalmente, a crescente afluência [Gilmore e Pine, 1999:16].[74]

Em outras palavras, as explicações dos autores para esse novo estágio da cultura do consumo segue a mesma lógica que levou à sua constituição: desafios econômicos que se mesclam a desafios socioculturais e que, ao mesmo tempo, são favorecidos pelas tecnologias existentes em cada momento histórico.

Ao escreverem um livro que, segundo Holbrook (2006:259), "seguiu o estilo das melhores práticas da *Harvard Business Review*", Gilmore e Pine (1999:7) visaram "aqueles que estão em busca de novas formas de agregar valor a suas empresas" e, por isso, o foco do livro está em mostrar as diversas oportunidades de negócios que se abrem quando se comercializam sensações e emoções que envolvem uma nova atividade econômica que deve, segundo os autores, ser claramente diferenciada do setor de serviços. É nesse ponto que, a partir de uma perspectiva de mercado, Gilmore e Pine conseguem ir além das análises acadêmicas iniciais de Holbrook e Hirshman, pois, enquanto esses estavam ocupados em resgatar o foco perdido em marketing acerca da experiência no consumo, que é algo constitutivo da cultura do consumo, como vimos, aqueles já estavam voltados a entender outro estágio, indicado por Tofler: o da transformação da experiência em mercadoria, ou seja, a passagem da experiência do consumo para consumo da experiência. Vejamos, a seguir, as etapas desse processo.

---

[74] Ou seja, a existência de uma sociedade de consumo já constituída, em especial nos países mais ricos, onde a questão da experiência do consumo tornou-se prioritária, dado que as pessoas já possuem muitas coisas materiais. O sociólogo alemão Wolfgang Streeck (2012) mostra como essa grande afluência de produtos, oriunda das reestruturações produtivas, começou a gerar, nos consumidores dos anos 1980, uma espécie de pressa, de socialização individualizante que, ao final, gerou uma própria crise na noção de público.

Primeiro estágio: da experiência manufaturada ao serviço

Escrevendo a partir de sua experiência em uma sociedade de capitalismo desenvolvido, como a sociedade norte-americana da década de 1960, Tofler (1973:183) já observava que a economia industrial chegara a um ponto no qual era preciso pensar que "tão logo uma sociedade tecnológica atinja certo estágio de desenvolvimento industrial, ela começa a desviar as suas energias para o campo da produção de serviços, diverso do campo da produção de bens de consumo". É interessante perceber que essa discussão de Tofler precede todo o processo histórico, do final da década de 1970, que costuma ser compreendido como aquele da passagem de uma sociedade industrial para uma sociedade de serviços. Isso nos ajuda a entender melhor o fenômeno da desindustrialização no final dos anos 1970: o setor de serviços foi expandido como resposta a certo esgotamento do setor industrial como espaço possível do processo de expansão e acumulação do capital. Por sua vez, a indústria foi reestruturada a partir de novos processos de organização do trabalho e de terceirização — o que é diferente da desindustrialização *per se*. Discutiremos esse tópico mais profundamente adiante.

Assim, estava claro, por volta do final da década de 1960, que o setor de serviços já se desenhava como a próxima grande etapa do capitalismo de consumo. Mas Tofler queria ir além. Sua grande questão era: e depois dos serviços, o que virá? E foi a partir da sua análise de um "fato curioso" relativo à produção nas sociedades industriais do final da década de 1960 que Tofler (1973:183) compreendeu a gênese de "um novo e estranho setor, baseado no que pode ser chamado de indústria de experiência. Pois a chave para conhecer-se a economia de pós-serviço está na psicologização de toda a produção, começando-se pela produção da manufatura".[75]

---

[75] Quem também percebeu esse processo no mesmo instante que Tofler e que o denominou "lado subjetivo da economia política capitalista, na medida em

O fato curioso que Tofler descobriu é que os fabricantes de produtos materiais, como automóveis, sopas, lavadoras de prato e até mesmo bolos, estavam acrescentando aos seus produtos itens com "extras psicológicos" que levavam os consumidores a pagar "alegremente para obter esse benefício intangível", como no caso dos fabricantes de automóveis, que passaram a acrescentar "botões, interruptores ou discos de registros ao painel de controle ou ao quadro de instrumentos, mesmo quando estas coisas não apresentam qualquer significação", pois entenderam[76] que isso dava ao motorista "o senso de controlar um instrumento mais complexo e, por isso, um sentimento de domínio aumentado. Esse rendimento psicológico acha-se *estruturado no próprio produto*" (Tofler, 1973:183, grifo meu).

Por outro lado, produtos que são fabricados para poupar energia e trabalho precisam se ocupar com o desafio de não privar um "benefício psicológico existente". Foi o que ocorreu com o lança-

---

que o subjetivo representa, ao mesmo tempo, o resultado e o pressuposto de seu funcionamento", foi o filósofo alemão Wolfgang Fritz Haug (1997:15). Ao buscar compreender como estava ocorrendo a produção da estética da mercadoria em uma sociedade que já era de capitalismo de massa, o autor apontou como a concorrência estava se deslocando para o plano da imagem, tanto no que diz respeito à produção do objeto em si quanto na sua veiculação, via *advertising*. A isso, Haug denominou "inovação estética", na qual "as mercadorias deslocam-se em sua manifestação como que por si mesmas, mostrando-se como objetos suprassensíveis" e gerando consequências antropológicas no que diz respeito às nossas modificações na organização sensível: na nossa organização concreta, na nossa vida material, como também "no tocante à percepção, à estruturação e à satisfação das necessidades" (Haug, 1997:57).

[76] O entendimento desse processo se dava, em grande medida, ainda a partir das pesquisas motivacionais, já mencionadas. Em seu livro, Tofler (1973:184) menciona algumas empresas que desenvolviam esse trabalho, como a Motivational Programmers Incorporated, uma "firma de pesquisas contratada, tanto na Europa quanto nos Estados Unidos, por empresas de alto porte como a General Electric, a Caltex e a IBM". Tofler conta que o presidente da empresa, a quem chama de Dr. Emanuel Demby, afirmava que "a elaboração de fatores psicológicos junto aos bens manufaturados será uma marca distintiva de toda a produção no futuro" — o que prova a ascensão do *design* industrial hoje!

mento de uma massa pronta para bolo, que exigia que a dona de casa apenas adicionasse água à mistura pronta. E o produto foi inicialmente rejeitado. A empresa compreendeu que havia supersimplificado a tarefa de fazer o bolo, privando a dona de casa de seu senso de participação criativa. Assim, o fabricante retirou o ovo pulverizado que era adicionado à massa pronta, deixando para a dona de casa a tarefa de quebrar um ovo, à maneira antiga, e adicioná-lo à massa, o que levou a uma imediata aceitação do produto. Nesse caso, diz Tofler, temos um exemplo de um produto que foi modificado a fim de também oferecer (ou restituir) uma gratificação psíquica.[77] E esse componente psíquico da produção começou a ser desenvolvido no momento em que ficou claro que "consumidores opulentos mostram-se dispostos e com boa vontade para pagar por tais requintes" (Tofler, 1973:185).

Não foi por acaso que o "*design* emocional" ganhou uma importância fundamental na indústria a partir de então. A ênfase cada vez maior no componente psíquico atrelado ao produto manufaturado fez com que a ideia de que qualidade passasse a ser, cada vez mais, associada a elementos estéticos, "ambiência e associações de *status*" (Tofler, 1973:185, grifo no original). Um exemplo contemporâneo dessa lógica pode ser dado com a invenção da máquina de café expresso caseira, fabricada e vendida pela Nestlé, a Nespresso. Além de as lojas da marca se apresentarem como verdadeiras lojas de experiência e suas máquinas serem desenvolvidas como verdadeiros objetos de *design*, sua grande novidade está no fato de que a Nespresso, com a concepção de "café encapsulado", inventou uma nova forma de fazer café e, com isso, reinventou, também, a forma de bebê-lo, associando-o a uma experiência sensorial, a um

---

[77] Esse exemplo traz uma modificação substancial quando comparado ao caso da venda do café instantâneo do qual falamos anteriormente. Como vimos, na década de 1950, quando transcorria a fase II da cultura do consumo, ao buscar convencer a dona de casa a usar o café instantâneo, a marca lançou mão apenas de uma mudança na comunicação do produto, ou seja, no anúncio comercial.

novo "estilo de vida" que as novas tecnologias, com a produção de objetos cada vez mais estilizados, começou a possibilitar para os consumidores domésticos.

Esse tipo de disposição tecnológica e estética de objetos novos e reinventados, e toda a gama de experiências sensitivas a eles associadas, foi um dos principais fenômenos que levaram Gilles Lipovetsky e Jean Serroy a definirem o estágio atual do capitalismo como "artista" e a elegerem o *design* como sua mola propulsora, um

> *design emocional e consumista* que se abre para a diversidade das estéticas e que reúne o imaginário do conceptor[78] e o poder de evocação sentimental dos objetos [...] sua difusão é inseparável da ascensão do marketing e dos imperativos de comunicação das marcas que veem na emoção, no sensitivo, no prazer, no lúdico, meios de desbanalizar os produtos, assim como formidáveis instrumentos de sedução e de estímulo das compras [Lipovetsky e Serroy, 2015:250-252, grifo no original].

Desse modo, qualquer objeto e qualquer local de venda, por mais banais que possam parecer, são desafiados a mobilizar o imaginário de um consumidor cada vez mais "emocional e hedonista" (Lipovetsky e Serroy, 2015:252).

Foi essa mesma lógica do componente psíquico atrelado ao produto manufaturado que se estendeu para o setor de serviços. Tofler dá exemplos de companhias aéreas, lá nos idos dos anos 1960, que passaram a oferecer algo mais do que o processo de transportar

---

[78] Foi o que fez um dos *designers* mais famosos do mundo, Phillipe Starck, ao conceber a experiência de sua cadeira de cozinha Miss Trip: disse ele que, ao comprar a cadeira, o consumidor levava, junto, de brinde, o cheiro do café com leite e a mamãe. O que Starck não disse, mas é o ponto fundamental, é que, ao comprar uma cadeira Miss Trip, também se leva junto seu nome, uma aquisição nada ordinária, em um momento no qual os *designers* — assim como os chefes de restaurantes estrelados — se tornam os novos artistas da cultura do consumo, nomes de marcas cada vez mais desejadas.

pessoas — seu serviço primordial — ao produzirem o ato de voar como uma experiência de teatro, e que envolve a relação com a oferta de música, comida, revistas, filmes e os trajes das aeromoças. Aqui, a ideia também é a de que "o serviço seja uma experiência pré-fabricada em relação às compras, ao ritual de jantar, ao ato de ter os cabelos cortados", a fim de levar uma gratificação psicológica a qualquer atividade rotineira. Por isso, "nenhum serviço importante será oferecido ao consumidor antes que seja analisado por equipes de especialistas do comportamento humano, a fim de melhorar o tônus psíquico da oferta" (Tofler, 1973:187).

Mas até aqui [diz Tofler], estamos em simples elaborações do presente. Hoje em dia [diz ele nos anos 1970], as experiências são vendidas como elemento adjunto a um serviço de caráter mais tradicional. A experiência fica sendo, por assim dizer, o creme que enfeita o bolo. À medida que caminhamos rumo ao futuro, no entanto, experiências em número cada vez maior serão vendidas estritamente pelos seus méritos próprios, exatamente como se *fossem* coisas [Tofler, 1973:188, grifo no original].

Poderíamos dizer: como se fossem *mercadorias*, pois a aposta do autor era a de que haveria uma expansão de um novo tipo de indústria cuja única receita viria de "experiências pré-programadas".[79]

Portanto, quando Gilmore e Pine (1999:7) publicam seu livro e afirmam que "as sensações representam um tipo de produto econômico já existente, mas ainda não articulado", e assim estavam indicando novas formas de os empresários agregarem valor às suas empresas, os autores ainda estavam visualizando o processo a par-

---

[79] Tofler também admite que isso já estava começando a acontecer, ao mencionar as experiências prometidas pelo Club Med e pelo Instituto Esalen — momento no qual a questão da experiência se relaciona às indústrias da cultura, do entretenimento, da educação e até de certos serviços psiquiátricos. Mas vamos explorar isso adiante, para não confundir o leitor.

tir da noção da experiência atrelada ao serviço, mesmo que já se referissem a uma nova "quarta atividade econômica" que denominaram "economia da experiência". Vejamos o exemplo inicial que os autores dão sobre isso a partir do grão de café, uma *commodity* quando colhida e negociada por empresas nos mercados futuros. No momento em que escreviam, o valor do café para essas empresas se traduzia em um ou dois centavos por xícara. Quando o café é moído, embalado e vendido, transforma-se em um bem, fazendo com que o preço suba, variando em função da marca vendida.[80] Se esse mesmo café for vendido em um bar ou lanchonete, seu valor sobe ainda mais, dado que a ele se acrescenta o serviço. O valor da "experiência" de beber o café estaria em um quarto estágio, além da *commodity*, do bem ou do serviço. Os autores exemplificam isso com a história de um amigo que, em Veneza, foi ao Café Florian, na praça São Marcos, onde pôde respirar "o revigorante ar matinal na observação da vista e dos sons de uma das mais notáveis cidades do Velho Mundo" (Gilmore e Pine, 1999:12). Ao final, seu amigo pagou a conta de US$ 15 por uma xícara de café. Valeu a pena? Sim, "*absolutamente*", respondeu seu amigo.

Pode-se objetar que o dono do Café Florian entendeu que poderia agregar valor ao seu *serviço* de venda de café por estar estrategicamente localizado em uma das praças mais famosas do mundo[81] e, por isso, poderia cobrar por uma xícara de café múltiplas vezes mais do que uma simples cafeteria em um bairro periférico da cidade de São Paulo. Portanto, o forte desse exemplo, para entendermos a economia da experiência, está no fato de os autores mencionarem a história de um turista na cidade de Veneza, já que

---

[80] Observe-se como, nesse estágio, a própria produção do café pode se guiar pela questão dos ganhos intangíveis da experiência. Foi isso o que fez a marca Nespresso, ao transformar uma *commoditty* em uma nova forma de fazer e beber café.

[81] É importante lembrar toda a discussão sobre como as grandes marcas globais têm buscado cercar esses locais como espaços por excelência de rendimento monopólico.

isso nos remete a um dos setores, entre outros, cuja única receita vem da venda de experiências que, segundo Tofler, seriam cada vez mais pré-programadas.

O turismo já era vislumbrado por Tofler (1973:188) como uma das indústrias de experiência que mais se desenvolveriam no futuro. O autor dá exemplos disso a partir da existência do Club Méditerranée, fabricante de experiência "de uma maneira tão cuidadosa e meticulosa quanto a Renault na fabricação de um automóvel". Tofler não associa o turismo à "indústria cultural", como fazem os analistas contemporâneos do consumo da experiência, mas lembra que foi essa última, associada por ele ao domínio estrito das artes, que serviu de inspiração para o amplo campo das experiências produzidas, que abarcaria da diversão em massa até a educação. Gilmore e Pine (1999:12) estão cientes disso e lembram como as sensações e emoções "sempre estiveram no centro do entretenimento, de peças e shows musicais a filmes e programas de TV".[82] Atualmente, o que temos é uma dilatação imensa dessa esfera que foi, de fato, a que deu impulso para que o "consumo da experiência" tomasse forma. As "indústrias culturais",[83] as formas de expressões

---

[82] Um ponto importante a destacar é que Gilmore e Pine (1999) compreendem as sensações provocadas pela oferta de entretenimento dos parques da Disney no mesmo nível das emoções e experiências disponibilizadas pelas hoje denominadas "indústrias culturais" (Lipovetsky e Serroy, 2015:225).

[83] Conforme já mencionamos, a categoria de "indústrias criativas" parece beber direto na fonte do conceito de "indústria cultural", de Adorno e Horkheimer (1985), cunhada pelos autores no sentido de compreensão e crítica de um momento histórico (eles escrevem ainda na primeira década do século XX) no qual eles viam as revistas, o rádio, o cinema, a TV e até mesmo a arquitetura sendo absorvidos, cada vez mais, pela esfera dos negócios, fazendo com que a cultura se tornasse mercadoria. Hoje, isso parece evidente, mas não era na época, quando muitos desses meios — o cinema, principalmente — apresentavam uma perspectiva da arte para além do entretenimento e, ambos, para além da esfera do consumo. A perspectiva dos autores é sobre a perda da experiência, e é nesse ponto que está o principal debate em torno da noção de experiência e de sua perda, que também estará presente em autores críticos que se debruçaram sobre essa questão, como Walter Benjamin e Guy Debord. "Indústria cultural" é, portanto,

artísticas produzidas e distribuídas comercialmente são o setor da economia global que mais se expande na atualidade. A "era emocional do consumo", que se caracteriza por "uma busca incessante de experiências hedonistas e sensíveis, renovadas e surpreendentes; em outras palavras, estéticas, se expressa em grande escala pela escuta musical, o cinema, as imagens, o design, a moda, os artigos de luxo. O turismo também" (Lipovetsky e Serrroy, 2015:334).

E aqui voltamos ao exemplo do café na cidade de Veneza, que entra nesse circuito do "turismo de experiência" — um dos setores da "economia da experiência" que mais cresce no mundo atualmente. Ele nos permite perceber como as cidades têm se estruturado a partir da ideia da experiência, "vendendo-se" a partir de "alegações de singularidade, autenticidade, particularidade e especialidade" que lhe permitem a atribuição de um "capital simbólico coletivo" e lhe dão vantagens comerciais na disputa pelos lugares do mundo a desfrutar (Harvey, 2003:158-159). Na análise que o geógrafo David Harvey (2003) faz sobre como as cidades têm buscado "rendimentos de monopólio" na disputa simbólica pela atração dos turistas, fica evidente como vem se construindo a ideia do turismo como consumo de experiência. Nas palavras de Rifkin (2000), o turismo, que pode ser considerado a mais antiga indústria cultural do mundo, nada mais é do que a experiência cultural transformada em mercadoria.[84]

Nesse aspecto, as cidades menos planejadas e, portanto, mais "singulares", enfrentam um dilema, segundo Harvey (2003): para garantirem sua singularidade e, portanto, seu rendimento de mo-

---

um conceito que carrega toda uma densidade crítica. Já a expressão "indústrias culturais" é utilizada para se referir, tão somente, às indústrias desse imenso setor de produção cultural, e não carrega esse significado que Adorno e Horkheimer lhe queriam atribuir.

[84] Nesse sentido, podemos dizer que o dono da cafeteria lançou mão de um rendimento de monopólio, que é vender a possibilidade de uma "sensação estética" ao turista que busca a experiência de estar em Veneza (Gilmore e Pine, 1999:46).

nopólio, precisam preservar esse capital simbólico, o que, eventualmente, não significa a garantia total de uma experiência programada. Em outras palavras, a prazerosa experiência estética de estar tomando um café em Veneza pode se transformar, rapidamente, em um desapontamento, com águas sujas invadindo a praça e um mau cheiro no ar. A esse respeito, Harvey menciona o depoimento de um aluno que havia se queixado de que sua experiência na Europa tinha sido inferior à da Disney World:

> na Disneyworld, todos os países ficam muito mais próximos e mostram-lhe o melhor de cada lugar. A Europa é chata. As pessoas falam línguas esquisitas e as coisas são sujas. Às vezes você não vê nada interessante na Europa durante dias, mas na Disneyworld tem coisas diferentes acontecendo o tempo todo e as pessoas são alegres. É muito mais divertido. É bem projetado [Harvey, 2003:144].[85]

Isso tem levado a Europa a buscar se "reprojetar segundo os padrões Disney". Mas, segundo David Harvey, é aqui que está o núcleo da contradição, pois, "quanto mais a Europa se torna disneyficada, menos única e especial fica. A homogeneidade insípida que vem com a pura mercantilização apaga as vantagens monopólicas" (Harvey, 2003:144).

Esse é um desafio que atinge todas as indústrias de experiência no terreno da cultura do consumo — entre as quais está incluída a indústria do turismo — o que tem levado os diferentes setores dessa indústria a se retroalimentarem em infindáveis combinações a fim de se apresentarem como espaços singulares. Um exemplo de uma dessas combinações que se dá entre o turismo e o entretenimento é narrado por Jeremy Rifkin, sobre como um estabelecimento turístico em Curaçao decidiu expandir sua proposta de

---

[85] Esse exemplo, citado por Harvey, está em Kelbaugh (1997:51).

"turismo de experiência" incluindo a contratação do filho de um escravo, John Scoop, de 80 anos, que "passou a receber um subsídio para manter sua casa de escravo feita de palha de milho como um museu vivo" (Rifkin, 2000:121)[86] para os turistas. Mas, para Rifkin, essa é uma simulação de experiência tanto quanto é a da Disney. O que ocorre é que a lógica contida no modelo Disney se diversificou e se propagou. E, nesse caso, há que se dar um crédito ao caráter visionário de Walt Disney, que, a partir de sua experiência na criação de efeitos especiais para desenhos animados, abriu a Disneyland, em 1955, concebendo, posteriormente, o Walt Disney World, inaugurado em 1971, quando ele já havia morrido. Para Gilmore e Pine (1999:13, grifos meus), "mais do que criar um parque de diversões, ele criou o primeiro parque temático do mundo, que absorve os visitantes (nunca fregueses ou clientes) em trilhas que não apenas entretêm, mas *os envolvem* em uma história que se desenrola [...] para criar uma *sensação única*". O que Disney compreendeu tão bem é que era possível fazer a passagem do espectador "passivo" dos seus filmes de ação para o consumidor "ativo" dos seus parques, "um mundo de desenho animado vivo" (Gilmore e Pine, 199:13), nos quais eles se tornariam personagens do seu próprio "filme-vida".[87] Pois foi esta a proposta maior dos parques Disney, assim como tem sido a de seus inúmeros correlatos existentes atualmente: levar cada consumidor ser cocriador de sua própria experiência.

---

[86] São muitos os exemplos nesse sentido. Lembro-me da experiência que vivi, em 2011, na África do Sul, na Cidade do Cabo, quando fui conhecer a prisão onde Nelson Mandela havia ficado durante o período do *apartheid*. O ponto "alto" da visita são os guias que nos conduzem, ex-prisioneiros, alguns dos quais que conviveram com Mandela na prisão e que tornam a experiência mais vívida a toda a visitação.

[87] Neal Gabler (2006:546-547) lembra que o historiador Jackson Lears já havia constatado que "o produto quintessencial do império (Disney) não seria a fantasia, mas a realidade simulada; não o personagem do desenho animado e sim o robô audioanimatrônico", dos quais, complementa Gabler, "o homem mecânico foi o primeiro. Walt Disney chegara, silenciosamente, mais perto de criar e aperfeiçoar a vida".

Nesse aspecto, pouco importa se a experiência é simulada ou real. Pelo contrário, para Tofler (1973:189), seriam justamente os "meios ambientes simulados" que seriam a base da indústria da experiência no futuro, capazes de oferecer ao consumidor "um gosto de aventura, de perigo, de excitação sexual ou de outros prazeres". Se o autor não tivesse publicado seu livro um ano antes da inauguração do Walt Disney World, poderia ter se utilizado dos exemplos do consumo dessas simulações nos diversos espaços do parque. Como isso não ocorreu, o exemplo mais próximo que trouxe em seu livro como a gênese dessa forma futura foram as "técnicas participatórias" no campo das artes, o que nomeou *happening* e que já exemplificava bem o que era envolver o espectador e torná-lo cocriador da sua experiência, a ponto de Tofler já nomear os novos artistas "fabricantes de experiência". Mas os futuros "imaginadores de experiência" também buscariam criar as experiências mais radicais em meios ambientes vivos e complexos, levando os consumidores mais ousados e radicais a correrem riscos reais na busca por experiências "autênticas". E, ao final, haveria uma combinação cada vez maior e porosa entre o real e o virtual que, por fim, mudaria nossa própria ideia de realidade.

O futuro anunciado por Tofler chegou e, com ele, as perguntas que o autor nos deixou, caso isso ocorresse: qual seria o impacto filosófico e psíquico causado por uma produção experiencial na qual os consumidores deixariam de distinguir o real do simulado? O que ocorreria ao desenvolvimento emocional das novas gerações, que viveriam, cada vez mais, em e a partir desses ambientes virtuais? Que novas questões isso colocaria para a economia e a democracia? Enfim, o que aconteceria quando a economia, "à procura de um novo objetivo, começasse seriamente a penetrar na produção de experiências por sua própria conta, incondicionalmente?" (Tofler, 1973:195-196).

Foi a partir dessas questões, e já diante do avanço das novas tecnologias da informação e da comunicação, que Jeremy Rifkin buscou compreender melhor a ideia de experiência vivida como mercadoria: o momento no qual a cultura do consumo se encarrega de transformar "a experiência de vida de cada consumidor em uma série infindável de momentos teatrais, de eventos dramáticos e de transformações pessoais"[88] (Rifkin, 2000:24).

Segundo estágio: a experiência vivida na era do acesso

No futuro anunciado por Alvin Tofler, habitaríamos um mundo no qual os objetos, as coisas, as construções físicas se tornariam cada vez mais efêmeros. Diante disso, reflete ele, talvez as experiências se apresentem como os únicos produtos que, uma vez adquiridos pelo *consumidor*, não possam ser mais tomados dele. Nessa análise, já se evidencia a caracterização da experiência como mercadoria, de como ela, no futuro, se tornaria o produto fundamental da cultura do consumo. Mas esse é o ponto de chegada de um longo processo, pois a experiência é algo que está muito além das trocas mercantis.[89] Portanto, nossa questão, aqui, é de como a experiência entra no circuito da cultura do consumo e se torna mercadoria.

A perspectiva apresentada por Jeremy Rifkin (2000) nos ajuda a compreender esse processo. O autor publicou seu livro quase simultaneamente a Gilmore e Pine (1999), portanto, no mesmo con-

---

[88] Sobre isso, Tofler (1973:188) dá o exemplo do Esalen Institute, de Big Sur, na Califórnia, que prometia "mergulhar os seus clientes ricos em alegres experiências interpessoais", ao oferecer seminários sobre consciência do corpo e comunicação não verbal.

[89] A categoria experiência é objeto de inúmeras disciplinas e debates acerca de sua relação com o psiquismo e com a forma de vida de um povo. Em função dessas diferentes lentes de análise, a experiência pode ser compreendida como o conjunto de vivências e compreensões que abarcam um modo de vida, como transformação, aprendizado, memória, relação com a cultura e a língua. O debate sobre esse termo, existente no marketing, de modo geral está relacionado ao sistema sensorial-perceptivo e à emoção.

texto histórico no qual esses autores discorreram sobre um novo estágio da economia como sendo o da experiência. Mas o ângulo de análise de Rifkin é o da *transformação cultural* para, a partir daí, entender a metamorfose da experiência vivida em mercadoria. Segundo ele, foi uma transformação na cultura contemporânea, ocorrida em função da emergência das novas tecnologias de comunicação e do lugar que essas ocupam do ponto de vista econômico, que levou à possibilidade de a experiência vivida ser comercializada. Rifkin apoia-se em uma interpretação antropológica da cultura e da comunicação:

> Se cultura, nas palavras do antropólogo Clifford Geertz, são "as redes de significado" que giram em torno dos seres humanos, então as comunicações — linguagem, arte, música, dança, textos escritos, filmes, gravações, software — são ferramentas que os seres humanos usam para interpretar, reproduzir, manter e transformar essas redes de significado [Rifkin, 2000:112].

A cultura, a partir dessa perspectiva, apresenta-se como a soma das "experiências compartilhadas que dão sentido à vida humana" e, por isso mesmo, se torna "a matéria-prima das comunicações" (Rifkin, 2000:112). Quando todas as formas de comunicação se tornam mercadoria, a cultura também se converte, inevitavelmente, em uma mercadoria.

O ponto de partida empírico da análise de Rifkin é a expansão das "indústrias culturais" e o longo processo de transformação da arte e da cultura em entretenimento e negócios. Nesse aspecto, o autor apenas reitera as evidências e dados já apontados por Tofler, por Gilmore e Pine e por autores contemporâneos acerca das inúmeras expansões possíveis no campo das "experiências culturais". A novidade analítica de Rifkin está na proposição de uma nova categoria de análise, o "acesso", no sentido de indicar como a sociedade contemporânea está vivendo a passagem de uma economia de compra e venda para uma economia do acesso, aquela na qual as pessoas buscarão ter mais experiências do que a posse de coisas. E é nesse ponto que a economia do acesso e a economia da experiência se encontram.

No primeiro capítulo deste livro, vimos que a cultura do consumo se constituiu, em grande medida, em função da necessidade de escoamento de produtos manufaturados, já produzidos em excesso em razão da produtividade adquirida com a Revolução Industrial. Esse foi o grande desafio da cultura do consumo em sua fase inicial: provocar o desejo de posse de produtos fabris. Só que, agora, o desafio da cultura do consumo é outro, visto que, para aqueles que puderam pagar e adquirir coisas, "restam poucos valores psíquicos que se podem tirar ao se ter dois ou três automóveis, meia dúzia de televisores e aparelhos de todo tipo para suprir todas as necessidades e desejos possíveis" (Rifkin, 2000:117).[90] É esse estágio que Rifkin nomeia "capitalismo cultural plenamente desenvolvido", e que eu denomino terceira fase da cultura do consumo, em que os novos "intermediários culturais" — termo que o autor usa para se

---

[90] Como uma tendência, pode-se afirmar que, cada vez mais, o desejo de acesso a experiências, em vez da posse, tem se generalizado para aqueles que também não possuem muitas coisas. Segundo o publicitário David Ogilvy (1990:14), "os consumidores de hoje não se perguntam com frequência: 'o que eu quero ter que não tenho?'; em vez disso, perguntam: 'o que eu quero vivenciar que ainda não vivenciei'"? Obviamente, não se trata de afirmar que toda a vida se desmaterializou. Ainda há muitos objetos manufaturados sendo consumidos, e a ênfase no *design emocional* (Norman, 2008) mostra como a questão da experiência também tem impactado o campo dos objetos físicos. O que tem ocorrido, também, conforme já vimos, é que os objetos vêm sendo comercializados, cada vez mais, a partir de um discurso em torno da experiência. Por isso, Gilmore e Pine (1999) propõem que, na economia da experiência, é preciso vender a "experiência de dirigir" e não automóveis; a "experiência de sentar", não a cadeira. Finalmente, é bom lembrar como esses dois campos se imbricam das mais diferentes formas. Assim, da mesma forma que o consumo de uma experiência através de uma viagem, uma ida ao teatro, a um cinema, a um parque de diversões sempre instiga à materialização dessa experiência em uma "lembrança física" a se levar para casa, a comercialização dos objetos físicos sempre instiga a associação com sensações, fantasias, emoções.

referir a toda uma gama de profissionais[91] que atuam no sentido de "unir o público e as produções culturais em uma rede de experiência vivida" (Rifkin, 2000:148) — estão "apropriando não só os significadores da vida cultural e das formas artísticas de comunicação que interpretam esses significadores, mas da experiência vivida também" (Rifkin, 2000:117). Entenda-se, aqui, que a noção de cultura expande-se de meio de expressão artística para seu sentido antropológico, que compreende cultura como toda forma de vida. Os *coolhunters* — um tipo de intermediário cultural, na perspectiva de Rifkin — têm uma importância crucial nesse novo estágio da cultura do consumo, uma vez que, conforme também já vimos, o desafio desses profissionais é descobrir formas de experiências vividas que possam ser transformadas em mercadoria, preferencialmente já sob o controle de uma poderosa marca global. É por isso que as empresas *coolhunting* são contratadas por corporações detentoras de grandes marcas globais, pois essas pretendem se perpetuar e dominar o mercado, ao garantir o controle sobre as experiências vividas que possam ser embaladas para consumo.

A radicalidade de todo esse processo torna-se plenamente clara ao analisamos a relação entre cultura, comunicação e consumo a partir das novas tecnologias de informação e comunicação, na medida em que é através desses novos meios que a era do acesso atinge sua forma mais pura. Quando Rifkin publicou seu livro, em 2000, a internet já estava disseminada, o Google já existia, as empresas já estavam se "conectando com fornecedores e clientes para compartilhar recursos intangíveis na forma de informações e experiência" (Rifkin, 2000:15) e já surgiam os "novos porteiros", ou seja, grandes empresas comerciais que passaram a controlar o acesso aos infinitos mundos que habitam o ciberespaço. Quinze anos depois, com a expansão continuada do Google e a profusão

---

[91] Seriam os profissionais de mercado, como publicitários, ou contratados pelo mercado, como artistas.

de mídias e redes sociais virtuais,[92] é possível entender mais claramente por que a experiência se tornou a mercadoria por excelência nesse estágio atual da cultura do consumo, pois, se por um lado esses novos meios controlam o acesso, por outro, eles também têm total acesso ao mundo das nossas experiências vividas e compartilhadas: aquilo a que assistimos, o que lemos, o que comemos, onde moramos, nossas viagens, nossas curiosidades, desejos, idiossincrasias, além da nossa rede de relacionamentos constituída através de *e-mails*, mensagens automáticas, redes sociais, entre outros.

Aqui, voltemos à Cayce Pollard, a personagem *coolhunter* do livro *Reconhecimento de padrões*, de William Gibson (2003a), já discutida no capítulo II deste livro. Compreendido como uma "ficção científica do presente" (Miller, 2012), o livro mostra, através da personagem Cayce, a transformação do conhecimento em informação, a linguagem que pode ser processada e lida pelos computadores. O livro de Gibson, na observação perspicaz de Gerald Miller Jr. (2012), mostra a associação entre o trabalho do *coolhunter* e o das máquinas de busca, como o Google, que se tornaram os principais indexadores da sociedade. Ao traçar esse paralelo entre o modo de funcionamento do trabalho de Cayce e o dos *sites* de busca, como o Google, Miller Jr. mostra como ambos funcionam através de reconhecimento de padrões. Isso ocorreu, segundo análise complementar de Fredric Jameson (2003), porque o cérebro de Cayce internalizou tão fortemente a semiótica do mercado que isso permite a ela reconhecer padrões de consumo instantaneamente, como um computador. E isso ocorre porque tem havido uma conjunção entre o sistema de mercado e a hegemonia dos computadores que foi internalizada por Cayce de forma similar ao

---

[92] Insisto no virtual para lembrar que redes sociais são muito anteriores às redes que se formam virtualmente a partir das novas tecnologias de comunicação. Redes sociais são formas de as comunidades interagirem, se socializarem — daí a questão problemática quando elas se tornam, prioritariamente, mediadas por grandes corporações.

sistema de buscas indexadas do Google, que reconhece padrões a partir da imensa compilação das experiências vividas, a ponto de sugerir produtos com base em padrões de consumo previamente identificados, sem necessidade de informações adicionais sobre a vida do consumidor.

Mas há algo a mais em Cayce que a diferencia do computador: suas reações corporais a certas imagens de marca. Não fosse isso, a heroína de Gibson poderia ser rapidamente substituída por algoritmos e megadados que são capazes de indicar, com precisão, padrões de sucesso em música, livros, filmes etc. Mas quando todas as grandes corporações são capazes de ter esses mesmos recursos, de onde virá o absolutamente novo? Cayce extrai respostas emocionais complexas de sua relação com as marcas, a ponto de ter criado uma fobia verdadeiramente mortal a certas logomarcas. Cayce tem pavor da semiótica das marcas, o que não lhe permite usar nenhum tipo de roupa, calçado ou acessório que contenha um logo,[93] embora seja capaz de imediatamente reconhecer se uma logomarca será bem-sucedida no mercado. Essa sua "patologia controlada" — como é definida por um de seus clientes — é o ponto altamente competitivo de Cayce: o que ela é capaz de identificar, a partir de seu processo fóbico às marcas tradicionais, é o absolutamente novo que aparece além dos traços característicos já infinitamente reproduzidos em um mundo de marcas. Em meio a um mundo absolutamente marcado e, portanto, padronizado pelas grandes marcas, a fobia de Cayce lhe permite identificar um traço capaz de diferenciação. Isso a leva a ser infinitamente bem-sucedida quando

---

[93] Cayce retira todos os logos de suas roupas e está sempre em busca de mais autenticidade, de criar sua própria marca "sem marcas". É interessante atentar que esse é, exatamente, o objetivo daqueles realmente *cool*, os inovadores, na linguagem dos *coolhunters*, que buscam se diferenciar do *mainstream* e que, ao serem descobertos pelos *coolhunters* por apresentarem um "padrão de comportamento em torno de certo tipo de objetos" capaz de ser marcado como mercadoria, passam a ser copiados.

se depara com um logo novo e é capaz de dizer — com sua reação física — se ele deve ser inserido na semiótica do mercado ou não.[94]

Essa sensibilidade fina para o absolutamente novo é o que permite a Cayce atuar em uma frente complementar ainda mais competitiva: a captura de alguma nova forma de experiência que possa ser comercializada e, posteriormente, ganhar um logo, entrar no circuito das marcas. Aqui, a heroína de Gibson transita por um mundo de objetos e experiências que ainda escapam ao universo das marcas, o que ela chama de "mundo-espelho": a diferença. Não surpreende que o principal fio condutor do livro decorre da procura de Cayce — e da subcultura da qual faz parte — pela origem de pedaços de um filme em preto e branco que começam a aparecer no ciberespaço e que podem representar uma arte fora do mercado na era da computação. Essa verdadeira fascinação de Cayce por um universo semiótico neutro é o que lhe permite capturar a diferença para o mercado. Por isso mesmo, o "segredo" em torno desse filme sofre o cerco incessante dos *coolhunters* em torno de sua captura para a arena do consumo e das marcas.

Se o exemplo da *coolhunter* Cayce Pollard mostra a maneira como a era do acesso permite um domínio quase absoluto sobre a experiência vivida como material disponível na criação de novos padrões para consumo, por outro lado também indica a predominância das relações mediadas pelas grandes corporações da informação. Quando alguns grupos de discussão na internet foram indagados, em uma pesquisa realizada por um especialista em "*design* emocional", sobre exemplos de produtos e de *sites* que eles adorassem ou detestassem, a resposta mais entusiasmada estava relacionada à verdadeira adoração pelos "serviços de comunicação que reforçavam a interação social e um sentido de comunidade" (Norman, 2008:246). Sobre como eles viam as ferramentas

---

[94] As reações somáticas de Cayce seriam uma forma de lembrar, como indica Jameson (2003), que há algo que se chama corpo, para além do significante.

de mensagem instantânea, o autor menciona frases do tipo: "Não consigo imaginar minha vida sem ela" ou "É parte integrante da minha vida... sem isso me sinto como se uma janela para uma parte de minha vida tivesse sido trancada com ferrolho" (Norman, 2008:246-247).

É nesse sentido mais profundo, portanto, que é possível entender a constatação de Jeremy Rifkin de que a experiência vivida tornou-se a principal mercadoria nessa terceira fase da cultura do consumo. O que consumimos são formas de vida, acesso às relações entre as pessoas, pagando por isso, seja em dinheiro, seja em informações sobre nós mesmos, o que nos torna cocriadores dessa experiência, algo que já nos remete para a nova categoria do *prossumo*.

Terceiro estágio: prossumo, a cocriação da experiência como valor

O termo *prossumo* — do inglês *prosumption*, junção entre as palavras produção e consumo — tem ganhado cada vez mais a atenção de acadêmicos de variados campos do conhecimento. Entretanto, o termo envolve variadas interpretações, seja no entendimento daquilo em que, de fato, consiste o prossumo, seja no significado que a ele se atribui. De uma perspectiva mercadológica, o prossumo é saudado como uma forma de empoderamento do consumidor. A partir de uma vertente crítica, aponta-se para uma forma inédita de alienação e exploração do trabalho através do consumidor. É importante, portanto, termos uma compreensão mais clara desse fenômeno, resgatando suas raízes e suas ressignificações contemporâneas, em especial para o propósito que aqui nos interessa, que é analisar o fenômeno no campo da cultura do consumo.

Foi também Alvin Tofler que cunhou o termo *prossumo/prossumidor* no sentido de indicar um progressivo processo de embaralhamento das fronteiras que separam o produtor do consumidor (Tofler, 2014). Essa nova categoria foi proposta no livro *A terceira onda*, escrito originalmente em 1980, 10 anos depois da publicação do livro no qual ele falou sobre o futuro da economia da experiência, e sem uma associação entre os dois fenômenos. Mas hoje já é possível apontar as relações entre o prossumo e o consumo da experiência e propor que o prossumo possa ser considerado o tipo ideal ou o ponto de chegada do consumo da experiência como mercadoria.

Comecemos resgatando o que Tofler definiu por prossumo, um fenômeno que está no centro da emergência da "terceira onda". Depois das revoluções agrícola (primeira onda) e industrial (segunda onda), teríamos chegado ao terceiro momento da civilização, o da sociedade pós-industrial altamente tecnológica, cujas raízes históricas o autor localiza ainda na década de 1950, a partir do contexto norte-americano. Na primeira onda, as pessoas produziam e consumiam de sua própria produção. Elas não se pensavam como produtoras e consumidoras, mas, se aplicássemos essas categorias àquela época, diríamos que essas pessoas eram prossumidoras. Foi com a revolução industrial que ocorreu a divisão, ainda atual, entre trabalho e consumo. Com a terceira onda, vislumbra Tofler (2014:25), será possível "cicatrizar a ruptura histórica entre o produtor e o consumidor".

O primeiro estágio no qual Tofler identificou essa tendência foi no processo de absorção de tarefas no âmbito do consumo, através do "faça você mesmo". O autor indicava que esse processo recuperaria o valor de uso das coisas, ou seja, as pessoas passariam a produzir mais para seu próprio uso, provocando uma mudança no cenário da produção para a troca. Elas passariam a fazer suas próprias roupas, cozinhar sua própria comida, consertar seus carros, pintar suas casas, criar suas próprias associações de ajuda comunitária, enfim, resgatariam trabalhos e serviços que haviam sido terceirizados no processo de industrialização da economia. Com isso, alcançaríamos uma revolução na ideia de mercado como o entendemos hoje, ou seja, como "um fenômeno capitalista, baseado em dinheiro. Entretanto, o mercado é apenas outra palavra para uma rede de troca, e tem havido (e ainda há) muitas espécies diferentes de redes de troca" (Tofler, 2014:276). O autor lembra que, no mundo ocidental, predomina o mercado capitalista, baseado no lucro, mas que também houve tentativas de se pensar o mercado em modelos socialistas, assim como mercados sem dinheiro, cuja fonte era a permuta. Com isso, o que ele quer ressaltar é que o mercado é "uma consequência direta, inevitável, do divórcio entre o produtor e o consumidor" (Tofler, 2014:276).

Quase uma década depois da publicação original de Tofler, o termo prossumo chegou à literatura acadêmica de marketing pelas mãos de Philip Kotler (1986), que, em um artigo publicado na *Advances in Consumer Research*, sugeriu a importância do fenômeno para os práticos e estudiosos do comportamento do consumidor. No artigo em questão, a ênfase no prossumidor como sendo aquele que prefere produzir seus próprios produtos e buscar realizar o autosserviço persiste. Por isso, Kotler conclui seu artigo apontando para as possibilidades desse fenômeno alterar o sistema de trocas existente, a forma de mercado baseada no lucro, e os desafios que isso colocava para uma prática e disciplina acadêmica como o marketing e para a própria ideia de consumo.

O prossumo, como entendido por Tofler, também altera a forma de produção, à medida que o consumidor passe a ser cada vez mais atraído para dentro do processo produtivo. Em um nível mais básico, isso significa "convidar" o consumidor para ajudar a desenhar produtos. Com o avanço das novas tecnologias — a impressora a *laser* tridimensional manejada por computador, por exemplo —, seria possível pensar um consumidor produzindo sua própria roupa em casa. Produzir suas próprias roupas era o que muitas pessoas ainda faziam no início do século XX. Foi com o processo de formatação da cultura do consumo, em sua primeira fase, que começou todo um trabalho de convencimento — especialmente entre as novas gerações — sobre a superioridade das roupas feitas a máquina, em especial, do ponto de vista de seu valor simbólico, uma vez que representavam o que era ser moderno (Rifkin, 1995). Mas o que Tofler tem em mente acerca do novo prossumidor de roupas é um pouco mais sofisticado. A esse respeito, o autor menciona o depoimento do chefe do Departamento de Serviços de Informação da RAND Corporation:[95]

> a coisa mais criativa que uma pessoa fará daqui a 20 anos *será um consumidor muito criativo* [...] Isto é, a pessoa ficará sentada em sua casa, fazendo coisas como desenhar uma roupa para si mesma ou fazendo modificações num desenho padronizado, a fim de que os computadores possam cortar um para si mesmo pelo laser e costurá-lo por máquina numericamente fora dos limites [...] a pessoa poderia realmente, graças aos computadores, tomar as suas especificações e transformá-las num carro [Tofler, 2014:275, grifo meu].

Nesse ponto, Tofler (2014:283) evidencia a base dos futuros conflitos econômicos e sociais: "batalhas sobre quais necessidades serão atendidas por qual setor da economia, assim como sobre licenciamento, códigos de construção e coisas semelhantes".

O que está em jogo, segundo essa perspectiva do conflito apontada por Tofler, é a questão central de como garantir que, com a "desmercadização" que o prossumo provoca, não se dê, igualmente, a "desmercantilização" da economia. Em outras palavras, uma coisa é a economia migrar da relação de compra e venda para uma relação de acesso, e outra, bem diferente, é a economia deixar de estar centrada na produção de valor. Esse desafio está na base do que Jeremy Rifkin (2015), em seu novo livro, denominou uma

---

[95] Com sede na Califórnia, é uma instituição sem fins lucrativos que realiza pesquisas para contribuir com a tomada de decisões e a implementação de políticas nos setores público e privado.

possível nova economia, a do compartilhamento, baseada em um modo de produção com custo marginal próximo de zero. Rifkin afirma que esse parece ser nosso futuro e, se assim for, nesse futuro próximo o capitalismo será relegado a um espaço ínfimo da nossa sociedade, comparado ao atual. Claro que há a possibilidade de que isso tudo resulte apenas em transformações mais radicais do próprio capitalismo, em que uma economia e um consumo compartilhados envolveriam, em outra ponta, o acesso a grandes corporações/marcas como estruturadoras do processo. Essa questão é importante na medida em que nos permite entender como o prossumo vem sendo incorporado pela cultura do consumo.

Grande parte da literatura contemporânea que analisa o prossumo a partir da perspectiva do consumo vê a explosão do fenômeno como consequência dos impactos da internet, em especial do que denominam Web 2.0. De fato, a internet potencializa o prossumo, permitindo uma ampla gama de processos que envolvem a cocriação, coprodução, coparticipação do consumidor. Nesse sentido, a emergência do *prossumo* como um novo fenômeno está associada às já mencionadas transformações tecnológicas oriundas da revolução informática do final dos anos 1970 e à nova forma que ganha a cultura do consumo, focada, cada vez mais, nos seus aspectos imateriais: serviços, imagens, experiências. Ao enumerarem as razões que levaram ao *boom* de análises acadêmicas sobre a emergência do *prossumidor/prossumo*, Ritzer, Dean e Jurgenson (2012) elencam algumas mudanças sociais que estão diretamente relacionadas ao cenário das novas rearticulações entre trabalho e consumo a partir da década de 1980, entre as quais os autores destacam:

- o declínio do trabalho material na fábrica, que tradicionalmente era considerado como o espaço da produção, em especial no mundo ocidental desenvolvido. Esse fato levou, segundo o sociólogo Zygmunt Bauman (2013), a uma inversão do processo de constituição identitária, que passou

a se dar mais em função do papel que cada um exerce como consumidor e não mais como trabalhador;
- o que é produzido tem sido mais imaterial e tem ocorrido fora das fábricas. Os autores argumentam que o trabalhado realizado pelos operadores das fábricas de automóveis torna-se menos importante do que a produção imaterial de ideias feita pelos "analistas simbólicos" para melhorar a manufatura, o marketing e o *design* desses produtos. Aqui, o consumidor já aparece como tendo um papel importante no processo de produção do valor, através de sua participação no provimento de ideias para melhorar a produção e o *advertising* dos produtos. Ritzer, Dean e Jurgenson (2012) apontam que tais processos têm sido entendidos como resultando em uma *social factory* ou *factory without walls*;
- o aumento da indústria de serviços e a consequente incorporação dos consumidores como trabalhadores. Exercer as funções de garçom em uma lanchonete *fast food* ou realizar o trabalho do bancário ao pagar contas pela internet são alguns exemplos. Tais mudanças se acentuam em função das inovações tecnológicas, com os *self-checkouts* e *self check-ins* em aeroportos, teatros, hotéis, entre outros;
- a emergência de uma "economia da experiência", na qual os consumidores são, necessariamente, envolvidos na efetiva realização da experiência que foi fabricada por outrem para ser vendida (os parques temáticos de Walt Disney são tomados como principal exemplo);
- as inovações tecnológicas específicas no campo da internet e da mídia, em que o *prossumidor* se torna central na avaliação de produtos e serviços como Amazon ou TripAdvisor, e exerce um papel ativo na produção midiática.

É possível constatar que Ritzer, Dean e Jurgenson (2012) já analisam o fenômeno do *prossumidor/prossumo* no contexto das transformações da cultura do consumo nessa sua terceira fase. À primeira vista, a definição que dão ao prossumidor e ao prossumo está muito próxima daquela dada por Tofler: *prossumidor* é aquele que é, ao mesmo tempo, produtor e consumidor; *prossumo* é a combinação de produção e consumo. Essa definição engloba desde o consumidor que assume funções mais operacionais, antes atribuídas ao trabalhador — como o consumidor que passou a assumir funções de garçom no McDonald's e que data do final da década de 1940 — até o consumidor que participa do processo de cocriação do produto através das redes de contribuição *online*. Nesse momento, o *prossumidor* se torna o consumidor de um produto ou plataforma que ele mesmo ajudou a produzir ou formatar, desde uma pasta de dentes à avaliação dos serviços do TripAdvisor.

A perspectiva crítica a esse processo argumenta que o "consumidor que trabalha" está produzindo "valor" para essas empresas (Ritzer e Jurgenson, 2010; Ritzer, 2013). Isso fica ainda mais evidente quando o consumidor é instigado a participar da cocriação do produto, seja da perspectiva material, do desenho do próprio produto ou negócio, seja da perspectiva simbólica, da atribuição de sentido na produção do valor da marca. No primeiro caso, abundam artigos sobre como os consumidores/*prossumidores* vêm ajudando as empresas a criarem valor. Humphreys e Grayson (2008), por exemplo, analisam processos de cocriação pela perspectiva do *prossumo* a partir de três casos empíricos: uma empresa de *T-shirt*, a Threadless.com, que convoca seus consumidores a submeter *designs* de camisetas que gostariam que fossem incluídos nas coleções de venda da companhia; uma empresa de tecnologia que baseia aproximadamente metade de sua atividade de pesquisa e desenvolvimento de novos produtos nas contribuições de sua comunidade de clientes *online*, que colabora na descoberta de como produtos dessa empresa podem resolver problemas de seus clientes; um programa da Procter & Gamble voltado a premiar seus entusiastas consumidores que divulgam os produtos da empresa junto aos seus amigos. Esses casos, segundo os autores, deixam claro como o *prossumo* é um fenômeno que, de fato, se assenta no uso do trabalho, em geral não pago, do consumidor/*prossumidor*.

Da perspectiva da produção de sentido e atribuição de valor da marca, pesquisadores também apontam como o *prossumidor* torna-se responsável por parte da construção da marca, agregando-lhe valor. Sobre isso, Ritzer, Dean e Jurgenson (2012) explicam: os consumidores/*prossumidors* exercem um papel central na produção dos valores compartilhados das grandes marcas. No sentido literal, os *prossumidores* produzem os significados de marcas como McDonald's, BMW e Nike. Também constroem a "experiência compartilhadas" do Starbucks ou do eBay. Esse "trabalho simbólico" de atribuição de sentido à marca ou à "experiência da marca" é bem mais difícil de ser auferido. Além do mais, como lembram Büscher e Igoe (2013), sua história tem um longo *pedigree*. Os autores argumentam que, dessa perspectiva de atribuição de sentido, as raízes do prossumidor podem remontar ao período da primeira fase da cultura do consumo, quando o processo de valorização da mercadoria já demandava a existência de um consumidor que pudesse atribuir a ela um valor para além de sua utilidade (o que corresponde à segunda revolução industrial, conforme vimos). O que vem ocorrendo, segundo esses autores, é uma intensificação da produção de "valores de mercadoria-signo" que contam com a coprodução do consumidor, tornando o *prossumo* uma forma particular de intensificação da dinâmica do trabalho da produção do valor no capitalismo tardio.

Foi o que Büscher e Igoe (2013) constataram a partir da análise sobre o que denominaram *prosuming conservation*. Buscando entender o que está por trás do "fenômeno do prossumo", os autores realizaram uma pesquisa etnográfica em duas organizações não governamentais de conservação da natureza atuantes na África do Sul e na Tanzânia, a African Wildlife Foundation (AWF) e a Peace Parks Foundation (PPF). Os autores mostram como essas ONGs vêm atuando de forma muito similar às empresas capitalistas no sentido de buscarem um *prossumidor* que construa a imagem e a experiência da natureza que ele pretende conservar.

A análise dos *websites* dessas ONGs mostrou como os *prossumidores* são interpelados a não apenas contribuir com recursos financeiros, mas também a compartilhar, com amigos e familiares, o conteúdo criado em seus próprios *sites* pessoais, em conexão com os sites dessas ONGs. O conteúdo dos *sites* analisados sugere que isso permite que o *prossumidor* faça a diferença no projeto de salvar os animais africanos. Além do mais, Büscher e Igoe (2013) demonstram como outra forma de suporte financeiro para os projetos dessas organizações a aliança com poderosas corporações capitalistas, como Starbucks e McDonald's. Essas organizações não lucrativas acabam atuando indiretamente na rede de produção de valor, dadas as complexas formas de interseção que as ligam às estratégias de marketing das grandes corporações, que também têm, cada vez mais, investido na produção de um consumidor ético, consciente ou responsável. Um dos exemplos está na análise do projeto Nike Human Race, que surgiu da parceria entre a World Wildlife Fund (WWF) e a Nike e que envolve, entre outros, a compra de um tênis de corrida especial da Nike — que traz um *chip* que permite a conexão com o *site* da WWF, com o qual o *prossumidor* vai participar dessa corrente de apoio a um mundo mais sustentável.

Rieder e Vob (2010) também abordam esse novo tipo de prossumidor que eles denominam *working customer*, argumentando como ele está sendo muito mais sistematicamente integrado às estruturas corporativas do que se fosse empregado. Mencionam especificamente o YouTube como um exemplo do valor estimado de empresas que se baseiam principalmente na contribuição dos seus consumidores, lembrando que o YouTube foi vendido ao Google por aproximadamente US$ 1,7 bilhão em 2006, um ano depois de ter sido criado.

É no contexto das redes e mídias sociais que, de fato, encontramos a relação mais elaborada do prossumo como cocriação da experiência. Todo o conteúdo que viabiliza a existência desses espaços virtuais é feito por um agente que pode ser considerado um prossumidor, na medida em que tais espaços não existiriam sem o trabalho e o consumo ininterrupto daqueles que o acessam. Mas trata-se de uma cocriação, uma vez que o prossumidor precisa da base informacional para que essa experiência se realize.

E essa cocriação ocorre, afirmam Zwick, Bonsu e Darmody (2008:185), na medida em que o "recrutamento ideológico dos consumidores transformados em produtores cocriativos se assenta na acomodação de necessidades reais dos consumidores por reconhecimento, liberdade e agência". Em outras palavras, diz Comor (2011:37), trata-se de uma "política de alienação" na qual promover e vender a si mesmo para os outros como uma mercadoria faz parte do jogo, ou seja,

> tornar-se conhecido, como um prossumidor, mesmo que seja somente postando um blog, atraindo amigos para o Facebook ou sendo creditado como um designer criativo da LEGO, apresenta-se como uma questão importante de inclusão na tapeçaria cultural contemporânea das trocas de mercadorias.

Mas isso também é trabalho para si mesmo e para as grandes corporações *do* e envolvidas *com o* ciberespaço. Como na distopia do filme *Matrix*, o prossumidor é o ser humano que alimenta as máquinas com sua própria energia, a fim de usufruí-la no mundo imaginário das conexões que essa Matrix gera. A energia humana alimenta a grande máquina ao mesmo tempo que goza na Matrix.

Consumo responsável

Como se beber um copo de leite de Gado Orgânico fosse um ritual religioso tão redentor quanto uma bênção nutricional.

(Roth, 2002:65)

> *Como podemos seguir mais devagar e parar ao mesmo tempo em que preservamos nossa civilização e continuamos a arrancar milhões de pessoas da pobreza? Não porque venhamos a ser virtuosos, reciclando as garrafas, baixando o termostato e comprando um carro menor. Temos que ir além da virtude. A virtude é passiva demais, estreita demais. A virtude pode motivar indivíduos, mas é uma força débil quando se trata de grupos, de sociedades, de toda uma civilização. Para a humanidade como um todo, a ganância triunfa sobre a virtude. Por isso temos de acolher em nossas soluções as compulsões normais do interesse pessoal, além de premiar a novidade, o prazer da invenção, os encantos da engenhosidade e da cooperação, a satisfação do lucro.*
>
> (McEwan, 2010:181-182)

O consumo responsável é a segunda forma contemporânea que vem sendo moldada pela cultura do consumo nessa sua terceira fase. O debate acerca do consumo responsável é amplo e complexo. Condensa questões que dizem respeito ao meio ambiente, ao mundo social, ao equilíbrio do corpo humano e da psique. Engloba termos como consumo verde, ecológico, ambiental, ético, ativista, eficiente-racional, consciente, saudável, sustentável, entre outros. O que de fato, então, significa consumo responsável? Uma resposta inicialmente possível seria: o consumo responsável considera as implicações — ambientais, sociais ou individuais — do ato de consumir. A crise ambiental, a exploração do trabalho humano, a busca por uma "vida saudável" são alguns fenômenos contemporâneos que estão na base da reflexão sobre os limites do consumo, determinados pela natureza, pelo outro, ou pelo próprio sujeito. As reflexões sobre o consumo responsável dizem respeito, portanto, a diferentes campos do saber e da prática, pois perpassam questões ambientais, de saúde pública, de ordem moral, de crítica social e cultural, assim como de cunho mercadológico.

A proposta desta seção é pensar o consumo responsável circunscrito à cultura do consumo. Nesse sentido, a questão que se coloca é como pensar os alcances e limites dessa forma cultural no contexto de uma lógica econômica que ainda se ancora no estímulo ao consumo e na qual esse ainda tem sido um importante eixo de constituição identitária. Como responder a esses desafios quando está em jogo uma megaindústria, não apenas de produtos, mas também de estímulos ao consumo, como a publicitária? Parto do pressuposto que o consumo responsável, no contexto da cultura do consumo, vem se moldando como resposta a pressões — de grupos ambientalistas, de movimentos sociais, governamentais, midiáticas —, ao mesmo tempo que também se apresenta como um novo nicho de mercado em uma cultura do consumo que já dá sinais de esgotamento em função da conjunção de duas grandes crises: uma crise ambiental e uma crise do imaginário em torno das identificações construídas pela cultura do consumo nas suas fases anteriores.[96] A temática do consumo responsável, portanto, aborda a questão da resistência à (e na) cultura do consumo.

Conforme já dito, são muitas as categorias que se desdobram a partir do conceito maior de consumo responsável. Algumas estão mais diretamente identificadas com a questão ambiental, como o consumo ecológico ou verde; outras são claramente associadas à questão social, como o consumo ético ou ativista; enquanto o consumo saudável é o que parece remeter a questões de foro individual,

---

[96] Embora a cultura do consumo ainda invista fortemente na construção identitária pelo consumo, anda em curso um novo discurso em torno da crítica ao materialismo e da busca da simplicidade voluntária que, por sua vez, pode representar a ressignificação da cultura do consumo em sua nova etapa.

embora também possa englobar questões sociais. Mas essas categorias se sobrepõem, pois o consumo ativista pode estar associado a temas ambientais, assim como a temas sociais. Por isso, outra distinção possível entre essas diferentes categorias de consumo responsável poderia se dar entre manifestações coletivas ou individuais acerca da responsabilidade no consumo. É o que propõem Lang e Gabriel (2005), para quem o consumo ético ou ativista deve envolver sempre um coletivo de consumidores, enquanto a categoria consumo consciente já indica o consumidor que pensa e age sobre suas questões de consumo de forma individual. No entanto, é importante destacar que nem todo coletivo de consumidor nomeado como ativista pode ser considerado, necessariamente, como "responsável", no sentido aqui atribuído a essa categoria. Muitos movimentos de consumidores podem estar focados tão somente nos seus próprios interesses em se inserirem em — ou não serem excluídos de — uma determinada lógica de consumo. Empreendendo uma breve história sobre o ativismo dos consumidores, Lang e Gabriel (2005) demonstram como tais movimentos remontam ao século XIX, quando já ocorriam boicotes a certos produtos e se deu a formação de cooperativas de compras, como as cooperativas inglesas emergentes no final do século XIX, formadas em reação aos preços excessivos e à má qualidade dos produtos. Há uma história própria desses movimentos, que persistem até hoje por meio de diversas instituições nacionais e internacionais de defesa do consumidor. Pensados por essa perspectiva, tais movimentos de consumidores são exemplos de um tipo de ativismo focado na luta pela inserção no consumo e não na crítica aos seus excessos: são movimentos de consumidores e não movimentos anticonsumo. Não é por acaso que quando determinados movimentos fazem uma crítica muito radical ou impõem limites muito restritos a certas formas de consumo, eles deixam de ser considerados movimentos de consumidores. A classificação de certos movimentos como "ecoterroristas" ou "terroristas domésticos" é um bom exemplo disso. Discutiremos esse ponto adiante.

Esta seção está estruturada de forma a compreender o consumo responsável a partir da relação com a natureza, o outro (social) e com o próprio indivíduo. O objetivo é compreender de que maneira a cultura do consumo vem sendo reformulada no sentido de responder às manifestações de críticas que impactam o campo do consumo. A hipótese que pretendo demonstrar ao final desta seção é que o consumo responsável, no contexto da cultura do consumo, vem sendo integrado ao consumo da experiência, o que tem levado a uma fusão dessas duas formas contemporâneas. Nesse sentido, o que procurarei mostrar é como vem se dando a relação entre resistência e assimilação no interior da cultura de consumo a partir das lutas anticorporativas e seu resultado final na produção do "consumidor responsável".

O consumo e a relação com a natureza

A temática do consumo como responsável pela natureza ganhou destaque quando o ato de consumir passou a ser, cada vez mais, imbricado com questões relacionadas à crise ambiental. Nem sempre foi assim. Embora a relação entre consumo e degradação ambiental já estivesse presente em alguns autores de diferentes correntes críticas desde os primórdios da cultura do consumo, assim como em autores relacionados ao movimento ecológico que se caracterizou como "novo ambientalismo" na década de 1970, o tema do consumo era negligenciado pelo movimento ambiental hegemônico, "aquele produzido pelos meios institucionalizados e legitimados socialmente, compostos pelos setores estatais dos países centrais, pelas instituições intergovernamentais, pelos setores empresariais e [mais recentemente] pelas grandes ONGs que circulam nesse meio" (Portilho, 2005:16). Segundo Cohen (2001), o relatório "Os limites do crescimento", publicado em 1972 e que é considerado um marco na história do movimento ambiental hegemônico, não faz nenhuma menção explícita à questão dos impactos do consumo na natureza. O foco foi na produção industrial e assim permaneceu, pelo menos, até a década de 1990, quando se deu um deslocamento de importância da produção para o consumo. Foi naquela década que o tema adentrou o debate público, envolvendo e requerendo o posicionamento de outros atores, como os consumidores. Não é mera coincidência que isso tenha ocorrido no instante em que emerge o discurso em torno da passagem da sociedade da produção para a sociedade do consumo. Quando fica evidente a predominância do consumo nas sociedades de capitalismo avançado, o foco passa a ser, então, a crítica ao consumo e não mais à produção.

O evento histórico que marcou esse deslocamento discursivo da produção para o consumo foi a ECO-92, a Conferência das Nações Unidas sobre o Meio Ambiente e o Desenvolvimento, realizada no Rio de Janeiro, em 1992. Mas as causas desse deslocamento são mais estruturais: apontam para o momento de desindustrialização dos países desenvolvidos que, como já vimos, começou a se tornar mais forte na década de 1980, quando ocorreram processos de terceirização do processo produtivo para outros países considerados emergentes ou não desenvolvidos. Foi a partir desse momento que, conforme também já vimos, as sociedades de capitalismo mais desenvolvido passaram a ser definidas como sociedades de consumo e não mais de produção. Esse fato se desdobra em duas questões diferentes, porém conectadas: (1) o fato de os países desenvolvidos terem se desindustrializado não significou que seu consumo deixou de ser suportado pela mesma matriz energética causadora da crise ambiental e, desse modo, era o consumo que deveria ser diretamente questionado; (2) sendo as sociedades ricas denominadas "de consumo", deslocar a crítica para esse contexto também passa a ter um impacto muito maior do que insistir na crítica às formas industriais mais precárias, que, agora, estavam no terreno "dos pobres". Segundo Cohen (2001), foram os movimentos ambientalistas e países em desenvolvimento que, na ECO-92, colocaram na pauta da discussão o debate sobre o consumo, em especial sobre os estilos de vida nos países ricos.

Portanto, é somente nas décadas finais do século XX que "ser responsável" pelo meio-ambiente[97] torna-se uma questão, de fato, para a cultura do consumo, na medida em que o que era restrito ao domínio de cientistas e ambientalistas começou a impregnar o imaginário popular através de filmes e documentários relacionados a catástrofes ambientais, assim como, via reportagens na grande mídia, na qual relatórios como os do IPCC (Intergovernmental Panel on Climate Change) afirmavam que o consumo era um dos atos humanos responsáveis pelas mudanças climáticas. Segundo Yearley (1991:103, tradução livre), "a existência de problemas sociais depende da existência contínua de grupos ou agências que definem alguma condição como um problema e tentam fazer algo a respeito". Por isso, para esse autor, os grupos ambientalistas e a mídia têm tido um papel central na construção e na promoção das questões ambientais contemporâneas junto à sociedade, a fim de gerar certa consciência da crise ambiental. Para Stavrakakis (2000), a construção da crise ambiental foi provocada por um deslocamento da nossa concepção imaginária e simbólica da natureza. Ou seja, para além da experiência de uma crise ecológica real,

---

[97] Nesse cenário, ganham destaque os termos "consumo verde, ecológico, ambiental", ou seja, aqueles que enfatizam a natureza como o elemento fundamental da responsabilidade do consumidor. O termo "sustentável" também aparece como profundamente imbricado à temática do consumo ambientalmente responsável, embora, em sua origem, procure ir além, destacando um tripé no qual, além do ambiental, o social e o econômico se apresentam como fundamentais na busca de um equilíbrio possível e necessário quando essa questão se coloca no contexto empresarial. Esse aspecto não pode passar despercebido, pois ilustra de forma clara os desafios de pensar essa questão no interior da cultura do consumo. Vale destacar que, a criadora do termo "desenvolvimento sustentável", a primeira-ministra da Noruega, Gro Harlem Brundtland, afirmou, em entrevista a um jornal brasileiro, que o termo havia perdido muito de sua ideia original na forma como foi absorvido pela comunidade empresarial e por seus necessários ajustes.

tem havido, antes de tudo, um deslocamento da nossa construção imaginária e simbólica com o "real" da natureza, gerando a consequente construção da crise ambiental como um sério e urgente problema social, posto que a nossa representação da natureza, que sempre incorporou uma noção de severidade e imprevisibilidade das forças naturais, tem sofrido novos abalos na contemporaneidade.[98] Cada época, ao longo da história, buscou integrar uma concepção de natureza, ao mesmo tempo que procurava dominá-la. Segundo Stavrakakis (2000:108, tradução livre):

> Nas modernas sociedades seculares tecnocientíficas, é geralmente a ciência que fornece o quadro simbólico necessário para a simbolização da natureza. Prever o imprevisível, dominar o impossível, reduzir o inesperado a um sistema de controle, ou seja, simbolizar, integrar o real da natureza, é tratado através do discurso da ciência e sua popularização pela mídia.

Agora, porém, a própria ciência, na forma do desenvolvimento tecnológico, tem sido acusada de provocar a crise ambiental, enquanto os analistas da crise têm insistido na impossibilidade de a ciência dar conta dos desafios da degradação da natureza, a não ser mediante uma mudança radical do nosso modelo de desenvolvimento. E é nesse contexto, em que se apontam os limites da natureza, que a crítica à cultura do consumo emerge, dado que a estruturação da sociedade de consumo se dá a partir da ideia de que a natureza é um objeto de consumo sem limite.

Sendo assim, que tipo de representação da natureza é condizente com uma sociedade calcada no consumo? Foi com esse questionamento que Corbucci (2011) empreendeu uma pesquisa visando

---

[98] ŽižeK (2011:430), a propósito, sugere uma nova torção ao título do estudo freudiano sobre o mal-estar na cultura já que, hoje, "o descontentamento passa da cultura para a própria natureza: ela agora surge como o mecanismo frágil que pode explodir a qualquer momento de forma catastrófica".

investigar o imaginário dominante a respeito da "natureza" e "da vida futura", apreensível na construção dos discursos ambientais, a partir de uma análise de imagens veiculadas por campanhas de conscientização ambiental generalizada na mídia. A análise foi feita envolvendo revistas de diferentes perfis: a *Veja* — revista semanal de variedades; uma revista de negócios, a *IstoÉ*; uma revista especializada em sustentabilidade, a *Página 22*, assim como, alguns *sites* de movimentos ambientais, entre eles, o Greenpeace. Lançando mão de uma abordagem psicanalítica, a pesquisadora conclui que o que há em jogo nessas imagens é uma "estética da pulsão de morte", a partir da retratação de ambientes degradados e fenômenos apocalípticos. O que se veicula é um cenário escatológico, de destruição da Terra e, em especial, da espécie humana, convocando ao sentimento de culpa. O problema, como o estudo de Corbucci mostrou tão bem, é que o sentimento de culpa, somado ao sentimento de catástrofe, é imobilizador. Daí por que Corbucci mostra como as imagens de destruição veiculadas pelas campanhas de "conscientização" ambiental convidam os sujeitos a expressarem uma ambivalência fundamental: "por um lado, tais imagens podem ser tomadas como expressão do bom senso e do desejo de evitar a catástrofe — justificam a necessidade de prevenção de riscos por meio de investimentos tecnológicos e mudança dos hábitos cotidianos; por outro lado, configuram um espetáculo irresistível e inexorável. O poder do homem para destruir o que antes era considerado indestrutível" (Corbucci, 2011:164).[99]

O que a análise de Corbucci explicita é que diante da interpelação à responsabilidade pela natureza, a cultura do consumo,

---

[99] Corroborando a análise de Corbucci (2011), uma campanha publicitária da marca italiana Benetton, veiculada na década de 1990, apresentava a imagem de um pato coberto com uma espécie de óleo preto, indicando o resultado de um desastre ambiental. Essa campanha chegou a ser processada na Alemanha, com ganho final para a empresa Benetton, tendo em vista que a Justiça considerou que a marca estava chamando a atenção para os problemas da crise ambiental.

tal qual vem sendo constituída ao longo deste século, se encontra diante do seu próprio limite, na medida em que não foram colocados como questão os limites impostos pela natureza. Pois se há um espaço no qual é possível entender toda a lógica exploratória da natureza contida no modelo de desenvolvimento econômico-industrial do século XX, esse espaço é o da cultura do consumo, em especial o espaço publicitário, com seus anúncios comerciais enfatizando quase sempre o "não há limites" para a realização do desejo humano pelo consumo.[100]

De que maneira, então, e a partir de que parâmetros, essa cultura do consumo vem buscando se reconstruir? O que se observa, para além de campanhas publicitárias acusadas de *greenwashing* (Smart, 2010; Lipovetsky, 2004), com discursos e embalagens em torno do "verde", é que tem havido um esforço de reconstrução dos próprios espaços institucionais que formataram a cultura do consumo, tanto por meio de um reposicionamento das agências de pesquisa e anúncios comerciais quanto do *branding* das grandes marcas. Ou seja: de um lado, as agências de pesquisa e de criação de anúncios comerciais começam a se reformatar de modo a evocarem sua própria responsabilidade ambiental como organizações. De outro, o *branding* das grandes marcas coloca a questão ambiental no *core* de sua política corporativa. A questão de fundo, portanto, é a de construir o discurso e a imagem de um campo mais atento a um consumo mais sustentável, menos predatório, ou seja, um consumo de produtos, serviços e experiências, de organizações

---

[100] Obviamente, conforme a interpretação que está se dando neste livro, a publicidade apenas reflete e reforça a tônica maior da cultura do consumo, a começar pela base material na qual essa está assentada, qual seja, uma matriz energética não renovável de combustíveis fósseis. Isso já indica a ideia de uma natureza como algo a ser consumido.

que estão sensibilizadas e preparadas para responder a esse novo cenário.[101]

Essa também foi a tônica identificada na pesquisa que realizei sobre a construção do consumidor ambientalmente responsável pela mídia de negócios, a partir de uma análise do discurso das revistas *Exame* e *The Economist*. Nos 11 anos de discurso presente nas revistas sobre crise ambiental (1996-2007), as referências às catástrofes ambientais, à necessidade de salvação do planeta, à exterminação de certas espécies, desaparecem ou se encontram dispersas, sub-repticiamente, em meio aos textos, apenas para sustentar outros argumentos centrais, tais como, o poder da ciência e da tecnologia, o papel proativo das empresas na resposta à crise ambiental, a culpa do consumidor e a possibilidade de sua redenção pelo mercado. A produção da culpa do consumidor, em especial, é aderente a esse cenário mais amplo de crise e possibilidade de uma hecatombe ambiental, que a mídia mais ampla veicula. Porém o que é ressaltado pela mídia de negócios é a possibilidade de o consumidor se redimir a partir do consumo correto. Não é preciso parar de consumir, mas consumir do jeito certo, das empresas certas. Por isso os movimentos ambientais radicalmente críticos são negados. O questionamento de nossos padrões de consumo só pode ocorrer a partir da permissão e regulação da própria cultura do consumo e a fim de defendê-la. O exemplo mais perfeito disso está na maneira como os ativistas mais radicais relacionados à defesa ambiental vêm sendo classificados como "ecoterroristas" ou "terroristas domésticos" (Smith 2008). Ao radicalizarem sua crítica e vandalizarem ícones da cultura do consumo, esses "ecoterroristas" desafiam a "segurança ontológica" desse modelo (Schwarzkopf, 2011:121).[102]

---

[101] Publicações desse tipo podem ser encontradas nos principais periódicos internacionais de organizações, marketing e consumo.

[102] A atuação desses movimentos está muito focada na defesa dos animais, em especial contra os testes em laboratórios, principalmente em indústrias farmacêuti-

Mas resta o fato de que é o esgotamento mesmo de um modelo de produção — o industrialismo — e o desafio de buscar novas formas baseadas em energias renováveis que colocam em risco a "segurança ontológica" da cultura do consumo e impõem a questão crucial sobre qual seria o modelo de consumo possível. Nesse sentido, há que se observar de que maneira a cultura do consumo vem buscando se reconstituir a partir das transformações mais radicais que estão ocorrendo na passagem de um modelo de produção para outro e buscando atuar em outras fronteiras, ainda não claras, da cultura. Ainda não temos respostas para isso; apenas sinais de que a cultura do consumo vem abarcando espaços cada vez mais inusitados, povoando um mundo de marcas sociais ou de corporações-mundo.

O consumo e a relação com o outro

O consumo responsável também pode estar relacionado à defesa da exploração do trabalho humano. Envolve o questionamento se aquilo que consumimos não pode ser produto do sofrimento do outro, seja porque envolveu um trabalho explorado (mal pago, semiescravo, perigoso, infantil), seja porque não considerou o comércio justo, as trocas locais.

O consumo responsável pelo outro, assim como o consumo responsável pela natureza, é um fenômeno que precede e extrapola o campo da cultura do consumo. Reivindicações desse tipo já ocorriam como parte de movimentos sociais e de trabalhadores

---

cas e de cosméticos. Nesse aspecto, tais movimentos radicalizam suas ações. Além disso, enfatiza-se a maneira como gado e aves são criados; a forma de alimentar o ganso para a produção do *foie gras*; a caça cruel a golfinhos e baleias. Nesse ponto, o que está em jogo não são apenas os limites da natureza, mas também o sofrimento impingido a esses animais — o que encaminharia esses movimentos para o campo da relação com o outro, no caso, o outro não humano.

em busca de condições de trabalho e comércio mais justos. Sua conexão direta com a cultura do consumo também foi produto das transformações que levaram a sociedade a ser definida como uma sociedade do consumo.

Isso ocorreu, em especial, na década de 1990, quando diversos movimentos passaram a focar a imagem institucional de grandes marcas globais, como Nike, McDonald's, entre outras, no sentido de mostrar como havia um profundo deslocamento entre a imagem que essas marcas veiculavam e a maneira como seus produtos eram produzidos.[103] Essas corporações teriam perdido a lealdade e o respeito do cidadão "abandonando seu papel tradicional como empregadores diretos e seguros para perseguir seus sonhos de marca" (Klein, 2002:441-442).

Se é possível atribuir uma data símbolo para esses movimentos que passaram a ser considerados como antiglobalização, mas que, na verdade, eram anticorporativos, seria aquela em que se deram os protestos em Seattle, em 1999, quando ocorreram manifestações contra a Organização Mundial do Comércio (OMC), que reuniram representantes de diversas categorias: sindicalistas, ambientalistas, anarquistas, humanistas, estudantes que se insurgiram contra as políticas neoliberais, o ataque aos direitos humanos, o capitalismo global, a ameaça ambiental, dentre outros. Para a jornalista canadense Naomi Klein (2002), esse teria sido apenas o estopim de movimentos de resistência mais amplos que vinham se consolidando em diferentes países do mundo, os "movimentos anticorporação", termo que indicaria a convergência de muitos protestos que visavam desvincular suas lutas de algo étnico ou local, a fim de apon-

---

[103] É importante ressaltar que, como movimentos de crítica às grandes marcas, o foco não estava apenas no social, mas também no ambiental, na perda do espaço público, entre tantos outros espaços da vida cotidiana que foram tomados pela lógica privatista das marcas. O livro *Sem logo: a tirania das marcas em um planeta vendido* (Klein, 2002) faz uma interessante descrição desses movimentos e mostra como, a partir das suas críticas anticorporativas e antimarcas, esses movimentos anticonsumo podem ser considerados de consumidores em sua natureza.

tar uma questão universal e um inimigo global: o poder mundial do mercado. Na proposição de Klein, esses movimentos estariam substituindo as instituições tradicionais agora em declínio: sindicatos, religiões, partidos políticos. Tratar-se-ia, portanto, de uma nova forma de conflito caracterizada pela não mediação estatal, que interpela diretamente o mercado e usa, como arma de protesto, os riscos à imagem publicitária das corporações.

E esse era um momento no qual as marcas estavam se tornando muito poderosas, segundo a lógica do funcionamento do capitalismo imaterial e global (Gorz, 2005; Fontenelle, 2013b). Atingir sua reputação passou a ser uma estratégia política, expondo os "bastidores das marcas", alvejando-as institucionalmente e forçando as corporações a práticas mais responsáveis, como melhores salários e condições de trabalho (Klein, 2002). O ponto forte de ataque desses movimentos se encontrava, portanto, no coração da cultura do consumo e a partir de ações contraculturais como a *culture jamming*: uma subversão do sentido da marca, uma sátira, "a apropriação de uma identidade de marca ou publicidade para fins subversivos, muitas vezes com interesses políticos" (Carducci, 2006:117, tradução livre). *Culture jamming* foi um termo cunhado pela banda de audiocolagem Negativland, em 1984, propondo uma reescrita da publicidade original, que alteraria seu sentido e criaria um novo significado que o movimento considera ser representativo daquilo que a publicidade deveria passar: "uma boa jam, em outras palavras, é um raio X do subconsciente de uma campanha, descobrindo não um sentido oposto, mas a verdade mais profunda escondida sob as camadas de eufemismos publicitários" (Klein, 2002:282, tradução livre). Assim, ao mesmo tempo que ações da jamming questionavam a publicidade como força dominante de nossa época — proposição presente na criação da revista canadense *Adbusters*, representante por excelência da *culture jamming* (Heath e Potter, 2005; Carducci, 2006) e dos movimentos de resistência da década de 1990 — elas também visavam atingir, particularmente, as grandes marcas globais, buscando desconstruir não apenas seus significados imaginários — no plano da produção das imagens ilusórias para consumo — mas também seus significados simbólicos, no sentido de que essas marcas eram construídas por corporações que não eram socialmente responsáveis. Além de manifestações culturais como a *jamming* e os *flash mobs*, esses movimentos foram mais longe, chegando ao ponto de depredarem lojas de marca, como o McDonald's, ou fazendo piquetes em frente a outras lojas de marcas que eram consideradas como não responsáveis socialmente.

Foi também no espaço publicitário que começou a se dar a primeira resposta corporativa a essa "estética da resistência". Os anos 1990 viram a explosão de uma publicidade considerada "cínica" por muito dos seus críticos. Foram várias as marcas que lançaram mão desse artifício, entre as quais a marca de *jeans* Diesel, que incorporou até mesmo o conteúdo crítico do movimento antimarcas presente na *culture jamming*, evidente em sua famosa campanha "Brand O", ao mostrar, entre outros, um *outdoor* com um ônibus lotado de trabalhadores exauridos ao lado de uma loura magra e glamorosa. Ao mesmo tempo que propagavam essa e outras campanhas do mesmo gênero, as vendas da marca Diesel dispararam de U$ 2 milhões para U$ 23 milhões em apenas quatro anos (*Time*, 17 nov. 1997:327).[104]

Klein (2002) estava ciente dessa cooptação do movimento quando escreveu *No Logo* (*Sem logo*). A autora chegou até mesmo a narrar um fato incontestável dessa capacidade de conversão da crítica: em 1997, a banda que criou o termo *culture jamming*, a Negativland, foi convidada a fazer a trilha sonora de um novo anúncio comercial da marca de cerveja Miller. Ao rejeitar o convite, o componente da banda, Mark Hosler, desabafou:

---

[104] A propósito do *jamming* como forma de crítica, artigos recentes questionam seu alcance e, inclusive, apontam o quanto podem ser conservadores (Cammaerts, 2007; Carducci, 2006).

Eles absolutamente não conseguiram compreender que todo o nosso trabalho é essencialmente em oposição a tudo a que eles estão ligados, e isso me deixou realmente deprimido porque eu tinha pensado que a nossa estética não poderia ser absorvida em marketing [...] Não é mais apenas a superfície que está sendo absorvida agora — aliás, isso sempre aconteceu. O que está sendo absorvido agora é a própria ideia de que não há oposição, que qualquer resistência é fútil [Klein, 2002:299, tradução livre].

Mas Klein diz não ter certeza disso, apostando que essa resposta corporativa não desarmou o rancor antimarketing e que, na verdade, pode ter tido o efeito oposto, dado que ela acreditava que à medida em que os consumidores descobrissem os segredos sujos das marcas globais, eles ficariam indignados e essa indignação seria a gênese de grandes movimentos políticos de contestação, gerando uma imensa onda de oposição às corporações transnacionais, particularmente aquelas que tem um reconhecimento de marca elevado (Klein, 2002).

A acreditarmos nos professores canadenses Joseph Heath e Andrew Potter (2005), teria ocorrido o contrário: a revista *Adbusters*, bandeira do movimento *culture jamming*, teria desenvolvido seus próprios tênis de corrida, o Block Spot Sneaker, sob a assinatura de sua subversiva marca, e disponibilizado os mesmos para venda. Para os autores, esse foi um ponto de virada na cultura da revolta, dado que após isso, fato ocorrido em 2003,

> nenhuma pessoa racional poderia acreditar que haveria uma tensão entre o *mainstream* e a cultura alternativa... Depois desse dia se tornou claro para todos que a rebelião cultural — do tipo simbolizado pela *Adbusters* — não desafia o sistema, mas é o sistema [Heath e Potter 2005:3, grifos no original].

O editor da *Adbusters*, Kalle Lans, argumenta que sua ideia era "*to uncool Nike*", ao propor tênis bacanas e não manufaturados em fábricas terceirizadas e exploradoras. Mas para Heath e Potter, comércio justo e marketing ético dificilmente seriam ideias revolucionárias e certamente não representariam ameaças ao sistema, pois se os consumidores estão dispostos a pagar mais por tênis feitos por trabalhadores bem tratados ou ovos colocados por galinhas felizes, é porque haveria dinheiro em jogo para essas coisas circularem no mercado. Tratar-se-ia de um modelo de negócios que já tinha sido explorado com sucesso por marcas como The Body Shop e Starbucks, sinalizando uma nova tendência para o capitalismo das marcas.

Se no nível da imagem publicitária a resposta corporativa se deu através de uma absorção direta da estética da resistência mediante uma forma de anúncio comercial irônico, no nível institucional as corporações também passaram a absorver o discurso de uma responsabilidade social maior e fazer disso sua nova bandeira de marketing. Os anos 1990 assistiram a um *boom* das corporações éticas. Para Lipovetsky (2004), o novo discurso corporativo espelha uma nova forma de gestão global que foi pautada por uma necessidade ética do mundo organizacional, no sentido de recolocar a dimensão humana nas empresas.

Embora a perspectiva de Lipovetsky não deixe espaço para se pensar que o movimento pela "ética nos negócios" seria decorrente de uma pressão social — e não apenas de uma escolha das empresas —, ela nos ajuda a demonstrar como as organizações começaram a reagir ao movimento antimarcas. Um conceito que permitiria pensar essa questão seria o de "risco": risco corporativo relacionado especialmente aos prejuízos causados por uma "crise de imagem" sobre a reputação da empresa, com repercussões negativas diretamente na escolha dos seus consumidores.

E esse parece ter, de fato, se tornado o grande movimento de resposta aos movimentos anticorporativos. Para o professor de políticas públicas da Universidade da Califórnia, Robert Reich,

> a responsabilidade social das empresas se transformou em expectativa de resposta para o paradoxo do capitalismo democrático.

Trata-se, agora, de assunto quente nas escolas de negócios; em 2006, mais da metade de todos os currículos de mestrado em gestão de negócios exigia que os alunos cursassem pelo menos uma disciplina sobre o assunto [Reich, 2008:171].

Reich lembra que até mesmo o "Pacto Global das Nações Unidas", lançado em Davos em 1999, passou a enfatizar a importância da responsabilidade social corporativa. Assim, Davos, sede do Fórum Econômico Mundial e palco de tantas manifestações antimarcas, acabou assumindo um discurso que parecia pertencer ao seu contraponto, o Fórum Social Mundial. A propósito, um estudo recente mostra como foi do próprio Fórum Econômico Mundial que surgiu a nomenclatura acerca do consumidor responsável que se tornou lugar-comum na cultura do consumo, indicando, como mostram os autores (Giesler e Veresiu, 2014), o quanto o mercado passou a rearticular a crítica e a formatar um consumidor necessário ao desenvolvimento e à estabilidade do sistema de consumo, qual seja, um consumidor responsável.

Entretanto, se de um lado seria possível apontar para os desvirtuamentos corporativos em torno da busca da imagem de "empresa-cidadã", por outro, a ideia de uma pressão direta sobre as corporações acabou levando à formatação da lógica da responsabilização individual, pois, à medida que incorporava as críticas do movimento, a mídia de negócios e as corporações que lhe servem de espelho passaram a "chamar" o consumidor, individualmente, a ser parte desse processo, ressignificando a crítica às imagens e ações corporativas, absorvendo outro discurso, mais neutro: o do consumidor responsável, que deve retribuir às empresas que são socialmente responsáveis.

O consumo e o cuidado de si

A relação entre consumo e corpo acompanha a história da cultura do consumo de formas diversas e impossíveis de serem esgotadas em um texto que não tem por objetivo uma ênfase especial nesse ponto. O objetivo, aqui, é destacar a ênfase que a cultura do consumo vem pondo na ideia de um consumo saudável como resultado de uma integração entre o corpo e a psique. Nesse aspecto, consumir responsavelmente é consumir produtos que garantam uma "vida saudável" ou "qualidade de vida". A cultura do consumo, através de anúncios comerciais e atuações de relações públicas, vem investindo na defesa de um consumo comedido, orgânico, *diet*, *light*, sem gordura, sem glúten, "sem a sua substância perigosa", nas palavras do filósofo esloveno Slavoj ŽižeK (2006), ao se referir a uma biopolítica que tem investido, cada vez mais, no café sem cafeína, na cerveja sem álcool, no chocolate laxante, entre outros. A ideia seria já fabricar o produto com uma espécie de antídoto.

Também tem se tornado forte a crítica aos excessos de consumo, seja com produtos nocivos, como o cigarro e sua associação com doenças pulmonares e câncer, seja na associação do *fast food* com os males da obesidade. Nesses casos, compreende-se uma busca de adequação da cultura do consumo às pressões governamentais, de ONGs e de movimentos da sociedade civil, que se opõem a tipos de consumo considerados maléficos aos consumidores. Filmes, livros, documentários de diversos tipos têm investido contra as assim chamadas "indústrias da morte".[105]

Sem dúvida, esse é um discurso que tem tido pregnância no debate público sobre saúde. Em pesquisa comparativa sobre a nova

---

[105] Referência ao filme *Obrigado por fumar*, que lista as três grandes indústrias da morte nos EUA: cigarro, bebidas alcoólicas e armas de fogo. Embora essas duas últimas também sejam alvo de críticas, ainda não há um movimento formal mais contundente contra seus efeitos maléficos. Já o ataque ao cigarro tem sido cada vez mais amplo e forte, como outro filme, *O informante*, não deixa dúvidas. No documentário "Super size me", destaca-se a crítica aos *fast foods* e, nesse caso em especial, ao mais famoso deles, o McDonald's. O documentário brasileiro "Muito além do peso" destaca o problema da obesidade infantil relacionada a consumo de refrigerantes, frituras, doces. Um recente documentário, *Doce mentira* (2015) denuncia o consumo de açúcar e seus malefícios.

política pública de saúde no Reino Unido e na Noruega, Thanem e Linstead (2007) apontaram para uma mudança discursiva que passou a privilegiar os modos de vida e suas relações com a prevenção de doenças, especialmente em áreas relacionadas à alimentação, atividade física e tabagismo, e como isso se tornou central na formulação de campanhas públicas destinadas a "reeducar" o cidadão para viver saudavelmente.

É preciso, portanto, deixar claro que o "consumo saudável" também não é um discurso que pertença unicamente ao campo da cultura do consumo. Há diferentes atores — médicos, educadores, empresas, governo — travando lutas discursivas em torno de seu significado. Logo, é preciso entender o "consumir saudavelmente", a partir de uma dada construção discursiva, pautada por visões de mundo e interesses específicos. Autores destacam que as empresas têm se interessado por esse assunto à medida que vem ascendendo uma "cultura da culpabilização", o crescimento de litigações voltadas à acusação de grandes empresas de tabaco e de *fast food* por problemas de saúde que teriam sido gerados pelo consumo desses produtos.

Ao mesmo tempo, o consumo responsável pelo próprio corpo destaca-se por sua importância no desenvolvimento de um consumidor produtivo, na medida em que vem desenvolvendo uma ampla gama de produtos que possam responder a um novo nicho de mercado ou, como quer ŽižeK, a uma biopolítica que coloca o corpo agora na ponta de lança da "qualidade de vida" entendida como vida produtiva.

O investimento midiático nesse tipo de consumo já é evidente, amplo e bastante heterogêneo, especialmente nos últimos 15 anos. É possível visualizar tal discurso na mídia em geral, na mídia de negócios, em revistas específicas sobre bem-estar e qualidade de vida e no marketing das grandes marcas. Na já referida pesquisa que realizei (Fontenelle, 2013a) sobre a construção do consumidor responsável — analisando o discurso de duas grandes revistas, *The*

Economist e *Exame* — verifiquei como o discurso dessa mídia, em especial da brasileira, acerca do consumo responsável pelo corpo e pelo equilíbrio psíquico ressoa, de certa forma, o estudo realizado por López-Ruiz (2007). O referido estudo versa sobre os executivos brasileiros das transnacionais, tomados como figuras emblemáticas de uma forma de viver que atinge pessoas de uma maneira semelhante em diferentes partes do mundo e que, entre outros, devem seguir as regras de uma vida equilibrada, o que envolve um cuidado especial com a alimentação e a saúde, na medida em que seus corpos são uma parte indissociável do seu "capital humano".

Na revista *Exame*, o tema do consumo saudável vem, antes de tudo, permeado pela ideia de que essa é uma nova oportunidade de negócios. São muitas as reportagens sobre dietas, exercícios físicos, remédios para emagrecimento e novos tipos de cirurgias que procuram demonstrar as oportunidades que se abrem em torno desse novo mercado consumidor. A "mentalidade empreendedora" é enaltecida a partir da narrativa de casos de sucesso de inventores de *shakes* e bebidas gasosas *diets*, sanduíches naturais, entre outros, enquanto a indústria do emagrecimento é reverenciada em reportagens detalhadas sobre o poder de certos medicamentos.

É no interior desse cenário que a mídia constrói o consumidor responsável/saudável. Um *nodal point* – que na teoria do discurso significa "um signo privilegiado em torno do qual os outros signos são organizados" (Jorgensen e Phillips, 2002:26, tradução livre) — encontrado na produção discursiva do consumidor saudável foi "qualidade de vida". Quando o foco recai sobre quem trabalha, em especial sobre os executivos, a questão da qualidade de vida se destaca com ênfase em temas como *stress*, sedentarismo e prevenção de doenças. O discurso constante é o de que manter uma alimentação equilibrada e uma prática rotineira de exercícios deve fazer parte do horizonte de investimento no corpo e no bem-estar, mesmo diante de uma agenda tumultuada de trabalho, como um trecho de reportagem, a seguir, deixa claro:

A manutenção de uma alimentação equilibrada é tão importante quanto a prática regular de exercícios. Nesse caso, a agenda corporativa também funciona como um problema para os hábitos dos empresários. Em função da rotina tumultuada, muitos executivos não conseguem controlar o peso. Com uma série de almoços e jantares de negócios, é realmente difícil manter qualquer dieta. Pequenas mudanças nos hábitos alimentares, no entanto, já podem fazer a diferença, como pedir comidas mais leves, tomar água junto com bebidas alcoólicas e substituir o *couvert* por uma salada [*Exame*, n. 872, 11 jun. 2006].

Aqui, convém ressaltar que a "agenda tumultuada do executivo" não é posta em discussão. Não se questiona por que é necessário se trabalhar até mesmo no momento de comer. Não se discute que trabalhar durante o almoço talvez seja exatamente o ponto errado dessa equação. Mas, na produção do discurso em questão, esse é o ponto que não pode ser alterado.

Nesse aspecto, convém citar outra reportagem sobre "o executivo resiliente", da revista *Business Magazine*, que faz referência ao livro best seller *Be Excellent at Anything: the Four Keys to Transforming the Way we Work and Live*, de Tony Schwartz (2010). Criador do projeto "Energia" e considerado "guru do rendimento executivo", o autor propõe que, mais importante do que gerenciar o tempo, que é finito, é gerenciar nossa energia — física, emocional, mental e espiritual. O consumo saudável apresenta-se como parte necessária desse cálculo já que "disponibilizar comida saudável durante o dia é muito importante" como fonte de renovação dessa energia. Ainda segundo a reportagem, "o segredo do alto rendimento e da satisfação está na necessidade profundamente humana de dirigirmos nossas próprias vidas" (*Business Magazine*, n. 10, maio/jul. 2011).

A ideia do corpo como empreendimento e do consumo como investimento também se sobressai em algumas reportagens da revista *Exame*. De todas elas, a mais ilustrativa é a que apresenta trechos de um livro, publicado por um executivo, sobre como devemos nos reinventar. Um "maior cuidado com o corpo", uma "estratégia de manutenção da saúde mental e corporal", "uma caminhada diária, dietas equilibradas para o dia a dia, *checkups* regulares", uma "atenção especial à saúde espiritual" estão intrinsecamente relacionados à realização profissional, já que "obter sucesso na carreira equivale a subir um trecho considerável dessa escalada da existência" (*Exame*, n. 768, 12 jun. 2002).

Histórias de executivos de sucesso que foram capazes de alcançar esse equilíbrio tênue entre uma agenda tumultuada e uma boa qualidade de vida aparecem em diferentes reportagens que reforçam a questão da responsabilidade que cada um tem em "gerir" sua própria vida e disso obter resultados satisfatórios. A revista claramente critica qualquer forma de regulamentação da publicidade — de bebida, cigarro, comida ou qualquer outra categoria — sob a defesa de que "a propaganda sustenta a liberdade" (*Exame*, n. 854, 14 set. 2005).

Muitas reportagens se referem ao problema da obesidade, alcoolismo e tabagismo no Brasil e no mundo, mas com claro foco na perspectiva de que cabe a cada um estabelecer seus limites, buscar o ponto "ótimo" entre contenção e prazer que possibilite que o consumo se torne parte dessa conduta fundada

> no investimento constante e exclusivo da vontade na produção da riqueza abstrata. Nesse sentido, o novo espírito do capitalismo não só prolonga e intensifica a obrigação do homem moderno de dedicar sua vida ao ganho, tal como apontada por Weber [...] de modo muito mais radical, o homem contemporâneo tem de reduzir todos os seus atributos à dimensão do interesse e incorporar a lógica do capital como se ela fosse, mais do que a razão de sua existência, o fundamento último da própria vida humana em sociedade [Santos, 2007:13].

Nesse aspecto, a mídia de negócios se torna uma parte fundamental na reconstrução da cultura do consumo no que diz respeito a uma ressignificação do modo de consumir que predominou ao longo do século XX e que vem sendo, cada vez mais, posto em xeque. Dessa perspectiva, o consumo passa a ser entendido como investimento. O consumidor responsável, compreendido como *health conscious consumer* e como *financially literate consumer*, indica como, os consumidores são incentivados a pensarem em sua saúde como um "recurso sustentável" e a verem a relação entre crédito e débito, não como "um fardo, mas um campo de atuação empresarial a ser ativamente gerenciado em um esforço para acumular riqueza, estabelecer independência e mostrar patriotismo" (Giesler e Veresiu, 2014:841, tradução livre).

IV. EIXOS TEÓRICOS PARA A COMPREENSÃO DA CULTURA DO CONSUMO

> *Mesmo que você resolva escrever da maneira mais simples, a missão continua sendo a de garantir a nuance, elucidar a complicação, sugerir a contradição. E não apagar a contradição, não negar a contradição, mas sim ver onde, no interior da contradição, se encontra o ser humano atormentado. Levar em conta o caos, garantir que ele se manifeste. Você precisa garantir que ele se manifeste. De outro modo você só faz propaganda, se não de um partido político, de um movimento político, então propaganda cretina da vida em si mesma, da vida como ela gostaria de ser divulgada.*
>
> (Roth, 2000:294)

Nesta parte final do livro, trago os dois principais eixos teóricos — uma teoria do capitalismo e uma teoria das paixões — que embasam minha compreensão da cultura do consumo, buscando algumas causas explicativas para seu modo de funcionamento e para suas transformações contemporâneas. O principal objetivo deste capítulo é compreender o que estrutura a cultura do consumo como tal.

Antes, porém, gostaria de discorrer sobre as três diferentes perspectivas elencadas pelo sociólogo Mike Featherstone (1995) a partir das quais seria possível abordar e analisar a cultura do consumo: "a produção do consumo", "modos de consumo" e "prazeres emocionais do consumo". O objetivo do autor foi indicar algumas lentes interpretativas e alguns teóricos centrais que permitem localizar o fenômeno do ponto de vista da lógica da produção, das marcações sociais ou dos sonhos, imagens e prazeres do consumo.

Pelo olhar da produção, "a cultura de consumo tem como premissa a expansão da produção capitalista de mercadorias que deu origem a uma vasta acumulação de cultura material na forma de bens e locais de compra e consumo" (Featherstone,1995:31). Em geral, nessa perspectiva, o consumo é visto como derivado da produção e da lógica de expansão do valor para o capitalismo — interpretação que remonta aos fundamentos da crítica à economia política e da teoria do fetichismo da mercadoria, de Karl Marx (2013), passando pelas reflexões acerca da expansão da indústria cultural, de Theodor Adorno e Max Horkheimer (1985), até os escritos que enfatizaram a importância central das imagens e a ascensão da cultura como mercadoria, nas décadas finais do século XX (Fredric Jameson, 1996), e culminaram em uma crítica à hiper-realidade, ao reino dos simulacros (Jean Baudrillard, 1981). Essa lente que vê a produção do consumo é eminentemente crítica, apontando para um processo de mercantilização da vida e da cultura pelo critério absoluto da valorização do capital.

Quando nomeia os "modos de consumo", Featherstone (1995:31) argumenta que essa perspectiva é a mais sociológica, na medida em que o foco está no fato de as pessoas usarem as mercadorias "de forma a criar vínculos ou estabelecer distinções sociais". Apoiando-se em Thorstein Veblen (1988) e Pierre Bordieu (2007) — autores que destacaram a importância sociocultural do consumo nos processos de diferenciação social, de prestígio social, de marcação de *status*, de gostos e estilos de vida, — Featherstone indica o processo duplamente simbólico das mercadorias: aquele simbolismo que se evidencia do lado do produtor, como no *design* e no marketing, assim como do lado do receptor, em sua reinterpretação a partir da perspectiva das relações sociais mais amplas, ou seja, na forma como as associações simbólicas das mercadorias são "utilizadas e renegociadas para enfatizar diferenças de estilo de vida" (Featherstone, 1995:35) das mais diferentes maneiras. Essa perspectiva também encontra ressonância no trabalho de Mary Douglas e Isherwood (2006).

Por fim, no que denomina "prazeres emocionais do consumo", o autor resgata a corrente que celebra o imaginário cultural consumista e que enfatiza períodos ou "locais específicos de consumo que produzem diversos tipos de excitação física e prazeres estéticos", como carnavais, feiras e festivais. Essa perspectiva está assentada "na tradição de transgressão e protesto, o carnavalesco e os excessos liminares da cultura popular" (Featherstone, 1995:42). Como exemplo, ele lembra o papel das feiras, que, desde os tempos mais remotos, se caracterizavam como locais de troca de produtos, assim como espaços de diversão. Eram lugares de "desordem cultural", de "transgressões simbólicas da cultura" que acabaram, segundo o autor, não sendo completamente integradas pelo Estado, nem pelas incipientes indústrias da cultura de consumo, ao longo do "processo civilizador" vivido pelas modernas sociedades ocidentais, em especial a partir do século XVIII.[106] De todo modo, o autor menciona as galerias parisienses, as lojas de departamentos, as exposições universais e os parques temáticos como "espaços de desordem ordenada que reelaboram elementos da tradição carnavalesca em suas exposições, imagens e simulações de locações exóticas e espetáculos prodigiosos" (Featherstone, 1995:43), embora o próprio autor admita que isso ocorra em ambientes mais protegi-

---

[106] Retomaremos essa discussão na seção referente à teoria das paixões, no capítulo IV.

dos e seguros, principalmente no que diz respeito à liberação das emoções. Nesse tópico específico, mais importante do que destacar questões de manipulação psicológica, o foco de Featherstone está em entender que as experiências de consumo, de fato, podem promover satisfações emocionais e estéticas.

A razão pela qual me detive tão longamente nas três grandes perspectivas apresentadas por Featherstone para se pensar a cultura do consumo é o fato de que, para mim, elas fazem todo o sentido, visto que procuram abordar o fenômeno em todas as suas dimensões. No entanto, o autor acaba por elencar, mais do que explicar, as diferentes formas de análise da cultura do consumo a partir de certo resgate teórico. Critica corretamente a abordagem da produção do consumo como incapaz de explicar as experiências de consumo para além de processos de alienação, porém mais destaca as consequências limitadas dessa leitura acerca do eixo econômico central na constituição e manutenção da cultura do consumo do que clarifica por que, de fato, a cultura do consumo tem suas origens a partir de um determinado desenvolvimento do capitalismo. Em outras palavras, há um eixo econômico central na constituição da cultura do consumo. Vimos, no primeiro capítulo deste livro, que a cultura do consumo começou quando a produção de mercadorias possibilitada pela revolução industrial levou à necessidade de seu escoamento, daí minha afirmação de que essa é a cultura do capitalismo. Desse modo, é preciso entender o modo de funcionamento do capitalismo a fim de constatar a importância do consumo nesse sistema,[107] e este é o primeiro dos eixos teóricos que sustentam minha perspectiva acerca da cultura do consumo:

---

[107] Entre inúmeros exemplos contemporâneos a esse respeito, um dos mais ilustrativos é a fala do ex-presidente George Bush por ocasião da queda das torres gêmeas em 2001. Em visita a Nova York, logo após a tragédia, Bush, junto ao então prefeito da cidade, convoca as pessoas a consumirem, pedindo "que a população sacasse seus cartões de crédito e fosse às compras, voltasse à Brodway, lotasse os restaurantes" (Harvey, 2013:22).

uma teoria do capitalismo que explique a importância do consumo para o funcionamento desse sistema.

A necessidade de consumo a fim de fazer funcionar o capitalismo, porém, não é suficiente para explicar por que as pessoas, em uma determinada época, passaram a querer consumir em excesso, a se constituir identitariamente como consumidoras e, sendo assim, por que passaram a ter certos gostos e preferências em detrimento de outros e, inclusive, a agir de forma aparentemente não racional. Nesse aspecto, o "desejo" do capitalismo, de escoamento das mercadorias e da acumulação infinita só se realiza à medida que mobiliza paixões humanas. Entramos, assim, no reino demasiadamente humano das paixões e desejos a fim de verificarmos como e por que a cultura do consumo tornou-se um espaço tão privilegiado para suas realizações. Esse é o pano de fundo que torna claras as perspectivas dos "modos de consumo" e dos "prazeres emocionais do consumo" apresentadas por Featherstone. Assim, a segunda seção deste capítulo propõe a perspectiva de uma teoria das paixões, o segundo eixo teórico.

Considerando que a teoria requer abstrações e, por consequência, torna-se um terreno árido, as duas próximas seções trarão, sempre que possível, o material histórico trabalhado ao longo do livro, de forma que eles possam ilustrar o movimento da teoria.

Uma teoria do capitalismo

> *Se queremos entender quem somos e qual é o nosso lugar nesse turbilhão de valores, temos de começar entendendo como os valores das mercadorias são criados e produzidos, e quais são suas consequências — sociais, ambientais, políticas, etc.*
>
> (Harvey, 2013:31)

> *Não podemos dividir a mercadoria ao meio e dizer que uma parte é o valor de troca e a outra é o valor de uso. Não, a mercadoria é uma unidade. Mas dentro dessa unidade há um aspecto dual, e esse aspecto dual nos permite definir algo chamado valor como tempo de trabalho socialmente necessário, e é a este último que o valor de uso de uma mercadoria serve de suporte. Mas para ter valor, a mercadoria tem de ser útil.*
>
> (Harvey, 2013:33).

Em *A riqueza das nações*, trabalho originalmente publicado por Adam Smith em 1776, o teórico do liberalismo econômico admitiu que "o consumo é o único objetivo e propósito de toda a produção" (Smith, 1983b:117). Segundo o sociólogo inglês Don Slater, embora a frase smithiana possa indicar o direito do consumidor de adquirir bens produzidos de forma mais eficiente e, portanto, mais baratos, há, inevitavelmente, a defesa maior da ideia de que "o potencial de crescimento econômico (e da divisão de trabalho) é determinado pelo tamanho e extensão dos mercados" (Slater, 2002:173). Ou seja, Smith deixa entrever o sentido econômico do consumo, mas não aprofunda, em sua obra, as razões pelas quais a produção e o consumo se tornaram fundamentais para o funcionamento da economia, segundo a nova lógica do capitalismo, cuja revolução, lembremos, ocorre no mesmo momento histórico dos seus escritos. Smith focou na importância da divisão do trabalho, da não ingerência do Estado nos negócios privados e, por consequência, do papel central da concorrência mercadológica, assim como elaborou a máxima que se tornaria o fundamento moral do novo regime: a de que cada indivíduo,

> ao orientar sua atividade de tal maneira que sua produção possa ser de maior valor, visa apenas ao seu próprio ganho e, neste, como

em muitos outros casos, é levado como que por uma mão invisível a promover um objetivo que não fazia parte de suas intenções. Aliás, nem sempre é pior para a sociedade que esse objetivo não faça parte das intenções do indivíduo. Ao perseguir seus próprios objetivos, o indivíduo muitas vezes promove o interesse da sociedade muito mais eficazmente do que quando tenciona realmente promovê-lo [Smith, 1983a:379].

Em nenhum momento, no entanto, ficam claras, na obra smithiana, as razões que tornaram o consumo o alicerce central do novo capitalismo e por que, apesar de tão criticável, especialmente nos dias atuais, seus excessos não são facilmente superáveis.

Karl Marx buscou fazer a crítica à economia política tomando Smith como um dos principais interlocutores e, embora não tenha produzido uma teoria do consumo, é em seus escritos, em especial nos *Grundrisse* (Marx, 2011) e em *O capital* (2013, 2014), que, ao buscar entender a lógica de funcionamento do capitalismo, o autor nos lega algumas análises importantes para a compreensão da importância do consumo nesse sistema econômico. Marx diz que, em uma sociedade capitalista, a produção de mercadorias existe com um objetivo muito específico: criar valor, algo que não tem existência empírica, mas que é objetivo: "o valor é uma relação social, e não podemos ver, tocar ou sentir diretamente as relações sociais; no entanto, elas têm uma presença objetiva" (Harvey, 2013:41).

Para chegar a essa ideia abstrata de valor e às suas consequências concretas, Marx começa pela análise da mercadoria, assumindo que ela é a forma elementar do modo de produção capitalista. Ao falar de mercadoria, o autor deixa claro que, com esse conceito, está se referindo a algo mais do que um bem, um objeto, um produto ou um serviço. Há coisas que são consumidas sem que sejam mercadorias, coisas que foram feitas para uso próprio. Mas quando essas coisas são compradas, segundo a lógica da realização do valor, elas passam a ter a forma da mercadoria. Marx ainda vivia em um tempo no qual a mercadoria pertencia ao mundo das coisas concretas. Assim, os exemplos que o autor utiliza para se referir à mercadoria são sempre coisas materiais — madeira, lã e, por extensão, mesa, casaco —, o que pode fazer com que a mercadoria coincida com objetos físicos, concretos. Mas o que é importante compreender é que qualquer coisa produzida para ser trocada a partir da lógica da produção de valor pode se tornar mercadoria — imagens, ideias, experiências.[108]

O que define uma mercadoria, como forma, é que ela é uma unidade contraditória, pois possui um valor de uso — "a utilidade de uma coisa faz dela um valor de uso" (Marx, 2013:114) — e um valor de troca — "o valor de troca aparece inicialmente como a relação quantitativa, a proporção na qual valores de uso de um tipo são trocados por valores de uso de outro tipo, uma relação que se altera constantemente no tempo e no espaço" (Marx, 2013:114). Ainda segundo Marx, o conteúdo material da riqueza, independentemente de qualquer forma social, é formado pelos valores de uso. Mas nas sociedades capitalistas, os valores de uso também constituem "os suportes materiais do valor de troca", ou seja, para que ocorra a troca, é necessário que o valor de uso seja recuperado no processo de circulação, dado que "o valor de uso se efetiva apenas *no uso ou no consumo*" (Marx, 2013:114, grifo meu). Portanto, "o valor não significa nada, se não voltar a se conectar com o valor de uso. O valor de uso é *socialmente necessário* para o valor"

---

[108] Vale indicar a fascinante análise do antropólogo Peter Stallybrass (2008) sobre como a forma-mercadoria não tem conexão nenhuma com a natureza física do objeto que se constitui como mercadoria. O autor argumenta que o "fetichismo da mercadoria", de Marx, foi uma das ironias mais incompreendidas da história, pois o que Marx fez foi, justamente, inverter a lógica do fetiche dos objetos até então existentes, na medida em que, com o capitalismo, as coisas deixaram de valer por sua própria materialidade. "É porque as coisas não são fetichizadas que elas continuam sem vida", diz Stallybrass (2008:41). Assim, fetichizar a mercadoria é "fetichizar o invisível, o imaterial, o suprassensível". O fetichismo da mercadoria "inscreve a imaterialidade como a característica definidora do capitalismo"

(Harvey, 2013:32, grifo meu). Aqui já está indicado o papel central do consumo nesse processo.

Foi analisando a forma mercadoria, portanto, que Marx entendeu o processo de criação do valor no capitalismo. Ao perceber que a materialidade das mercadorias não era capaz de dizer "alguma coisa sobre aquilo que as torna comensuráveis" (Harvey, 2013:27), concluiu que, se o valor de uso fosse abstraído do corpo das mercadorias, restaria nelas "uma única propriedade: a de serem produtos do trabalho" (Marx, 2013:116). Diante dessa constatação, Marx volta-se para o processo de produção. Foi a partir dessa análise que entendeu que também havia uma unidade contraditória entre o trabalho concreto — aquele que produz valores de uso —, e o trabalho abstrato, criador de valor, característico de um sistema de produção capitalista. Assim, a mercadoria pode ser entendida, finalmente, como "a unidade do valor de uso e do valor, bem como do trabalho concreto e do trabalho abstrato que a criaram" (Jappe, 2013:27).

O trabalho que compõe o valor — trabalho abstrato — é aquele definido como dispêndio de tempo de trabalho, ou seja, é a quantidade de tempo empregada na produção de um determinado produto. É trabalho humano acumulado, que se apresenta como "a força de trabalho conjunta da sociedade" (Marx, 2013:117). Visando deixar mais clara essa teoria do valor de Marx, o geógrafo David Harvey explicita:

> Falar de força de trabalho conjunta da sociedade é invocar tacitamente um mercado mundial que foi introduzido pelo modo de produção capitalista. Onde começa e onde termina essa "sociedade", isto é, o mundo da troca capitalista de mercadorias? Neste exato momento, ela está presente na China, no México, no Japão, na Rússia, na África do Sul — trata-se de um conjunto global de relações. A medida do valor é derivada desse mundo inteiro de trabalho humano [...] É nesse terreno global dinâmico de relações de troca que o valor é determinado (Harvey, 2013:29).

Há, portanto, uma relação intrínseca entre a produtividade do trabalho e o fator tempo. É no plano do consumo que essa relação se agudiza na contemporaneidade.

A questão de como a mercadoria contém uma quantidade determinada de trabalho abstrato que cria valor, e de como isso está na base de todo o processo de acumulação do capital, mediante o processo de criação do sobrevalor (ou mais-valia), acabou sendo a parte d'*O capital* mais discutida pelos estudiosos de Marx ao longo do século XX, a partir do desenvolvimento da teoria do conflito entre capital e trabalho e de temas correlatos, como a exploração do trabalho e a centralidade das lutas de classe. E foi devido a essa interpretação que surgiram conclusões apressadas sobre a suposta inutilidade do pensamento marxista para a compreensão do capitalismo contemporâneo. O filósofo Anselm Jappe (2013), um dos mais destacados analistas contemporâneos da teoria do valor de Marx, apresenta uma argumentação decisiva no sentido da atualidade dessa abordagem teórica. O autor afirma que a forma frequente com a qual se tem questionado a categoria "trabalho abstrato", de Marx, em contraposição ao crescimento do "trabalho imaterial", é totalmente desprovida da compreensão do que é, efetivamente, o trabalho abstrato, pois

> o trabalho abstrato nada tem a ver com a parcelarização do trabalho, com a sua fragmentação em unidades destituídas de sentido, ou com a respectiva desmaterialização [...] O trabalho abstrato não é nem o trabalho fragmentado na linha de produção, nem o trabalho do informático [Jappe, 2013:42].

Essa questão é de fundamental importância para entendermos as formas difusas de realização do valor decorrentes das novas formas de consumo e até mesmo de sua imbricação com o trabalho.

O trabalho abstrato, portanto, está na base da formação do valor como "dispêndio de força de trabalho humana, sem consideração pela forma de seu dispêndio" (Marx, 2013:116), na forma de uma força conjunta da sociedade. A expressão "relação de produção" deve ser entendida, portanto, como "a transformação do trabalho em valor enquanto relação fundamental no capitalismo" (Jappe, 213:95). Desse modo, se as formas de trabalho e consumo mudaram bastante desde a época analisada por Marx, o "modo de produção capitalista", como forma específica de criação do valor a partir do trabalho abstrato, ainda persiste nas novas formas que o capitalismo assumiu atualmente.

Se o valor é criado a partir do trabalho abstrato, ele só se realiza, efetivamente, na circulação, mediante o consumo da mercadoria ou mediante a compra de um serviço. É nesse ponto que a questão do consumo deve ser retomada, pois Marx afirma que, para produzir mercadoria, é necessário que se produza

> não apenas valor de uso, mas valor de uso para outrem, valor de uso social [...] Para se tornar mercadoria, é preciso que o produto, por meio da troca, seja transferido a outrem, a quem vai servir como valor de uso [...] nenhuma coisa pode ser valor sem ser objeto de uso. Se ela é inútil, também o é o trabalho nela contido, não conta como trabalho e não cria, por isso, nenhum valor [Marx, 2013:119].

O filósofo esloveno Slavoj ŽižeK recorre à noção de paralaxe — "o deslocamento aparente de um objeto (mudança de sua posição em relação ao fundo) causado pela mudança do ponto de observação que permite nova linha de visão" (ŽižeK, 2008:32) —, a fim de demonstrar "a persistência insuperável da lacuna paraláctica no *salto mortale* que o produto tem de dar para se afirmar como mercadoria" (ŽižeK, 2008:75, grifo no original). Aplicando tal noção à análise do valor, ŽižeK observa que, apesar de ser criado na produção, o valor só se realiza na circulação, no momento em que a mercadoria se torna valor de uso para alguém e, portanto, pode

ser vendida, completando o ciclo D-M-D (dinheiro-mercadoria-
-dinheiro) analisado por Marx. Há, portanto, uma lacuna temporal entre a produção de valor e sua realização, ou seja, na produção

> não há valor *stricto sensu* — aqui a temporalidade é a do *futur antérieur*: o valor não é de imediato, somente "terá sido", é concretizado retroativamente, encenado performaticamente. Na produção, o valor é gerado "em si" e só com o término do processo de circulação ele se torna "para si" [ŽižeK, 2008:78].

Nessa análise, percebe-se a importância crucial do consumo, já que o valor só se realiza quando os produtores compram de volta o que produziram. Foi o marxismo pós-Marx, afirma ŽižeK, que "perdeu esse ponto de vista 'paraláctico' e regrediu para *a elevação unilateral da produção como local da verdade contra a esfera 'ilusória' da troca e do consumo*" (ŽižeK, 2008:75, grifo meu). ŽižeK questiona essa perspectiva ao mostrar como a natureza mesma do capitalismo se funda em uma ilusão. Tanto o campo da produção quanto o do consumo operam em conjunto para fazer essa ilusão do capitalismo funcionar. Tal proposição, por sua vez, repousa nas análises de Marx sobre aquilo que constitui a essência do capitalismo: a produção do excedente de capital e sua expansão infinita na esfera da circulação. Sem isso, sem a circulação de dinheiro como capital, não existe capitalismo. E por que assumir que tal movimento tem uma natureza ilusória? Para explicitar tal afirmação, ŽižeK retoma a descrição clássica de Marx da passagem de dinheiro a capital. Inicia com a afirmação marxista de que a circulação simples de mercadoria — o ato de vender para comprar — tem por objetivo a satisfação das necessidades sociais, portanto, tem uma finalidade fora da circulação. Com o surgimento do capital, essa circulação simples dá lugar a outra lógica: é preciso investir dinheiro em alguma mercadoria para vendê-la de novo, a fim de receber mais dinheiro e, com isso, eternizar a circulação, já que, diz

Marx, a circulação de dinheiro como capital "tem sua finalidade em si mesma, pois a expansão do valor só existe nesse movimento continuamente renovado. Por isso o movimento do capital não tem limites" (Marx, 2013:171; ŽižeK, 2008:85-86).

Assim que a circulação do capital se põe em movimento, "a verdadeira meta não é mais a satisfação de necessidades individuais, mas simplesmente mais dinheiro" (ŽižeK, 2008:87-88). Essa é a *verdade* do capitalismo, a busca da circulação infinita. Ao mesmo tempo, essa verdade é constituída a partir de uma ilusão, qual seja, de que esse movimento circular engendra a si mesmo. Este é o engodo objetivo do capital: já que o capitalismo não pode engendrar a si mesmo, ele necessita do trabalho e, para se expandir continuamente, só pode se realizar como tal na esfera da troca, só se efetiva com o consumo.

A questão do "salto mortal da mercadoria" ou da superação da lacuna temporal entre o momento de criação do valor, na produção, e de sua realização no consumo é o desafio fundamental para o processo de expansão capitalista, já que o valor "só se conserva por força do crescimento" (Jappe, 2013:60). Tal fato requer que as mercadorias circulem e sejam consumidas de forma rápida. É essa necessidade que evidencia a razão de as organizações capitalistas buscarem dirimir os riscos da lacuna temporal através do uso de sofisticados métodos de pesquisas — como vimos na seção referente aos caçadores de tendências —, visando captar informações que possam ser processadas e ressignificadas na forma de mercadorias que devem ser colocadas rapidamente em circulação e imediatamente consumidas.

É essa análise do consumo a partir do contexto da lei necessária da acumulação do capital que se encontra ausente na produção contemporânea sobre os estudos do consumo, que acaba privilegiando, sobretudo no polo cultural, o caráter simbólico dos objetos. Para Harvey (2014:39), muitos desses estudos "não conseguiram situar o tema em conexão com a totalidade de relações consideradas por Marx" porque foram concebidos com uma postura antagônica à interpretação marxista sobre a lógica de funcionamento do capitalismo.

Mas Marx também não desenvolveu uma teoria do consumo. Uma lacuna lamentável, segundo Harvey. O lamento do geógrafo se justifica na medida em que, além da importância fundamental desse fenômeno no processo de circulação e realização do valor, tem-se, hoje, sua predominância em sociedades como a americana, na qual o consumo responde por 70% da atividade econômica do país (Harvey, 2014).

Pode-se aventar que a ênfase de Marx na produção — e não no consumo — se justifica em um momento histórico no qual a vida social e econômica se estruturava a partir do mundo fabril. E o interesse de autores contemporâneos (trabalhados ao longo deste livro, como Slavoj ŽižeK, André Gorz, David Harvey, Jean Baudrillard, Zygmunt Bauman, Fredric Jameson), inclusive marxistas, pelo consumo só começou a ocorrer quando começou a parecer que a sociedade se estruturava sob a forma de uma "sociedade de consumo" e onde a fábrica parecia ter desaparecido. Pela ótica da análise aqui empreendida, essa mudança de ênfase ocorreu com a necessária aceleração e expansão do consumo — inclusive para setores considerados fora do circuito da mercadoria — como forma de superar a lacuna temporal da realização do valor.

Para Harvey (2014:37), Marx evitou "a questão do desenvolvimento histórico e geográfico dos padrões reais de consumo e dos estilos de vida" à medida que, por ser singular, o consumo se coloca como algo externo ao domínio do cálculo racional da ciência econômica. O consumo, enfim, pertence ao domínio do que é "incontrolável, caótico e imprevisível" e não incluí-lo em sua análise foi o que permitiu a Marx "produzir uma teoria geral da acumulação capitalista dotada da mesma relevância para regimes de consumo final inteiramente distintos" (Harvey, 2014:38).

Mas se sairmos do reino abstrato do capital, veremos que não existe uma demanda efetiva constante como Marx pressupunha em seu modelo; assim como não existe uma "mão invisível" como idealizou Smith. O mundo no qual as mercadorias serão efetivamente consumidas é, exatamente, o mundo humano que, por sua própria natureza, é imprevisível e incontrolável — ou, pelo menos, não controlável segundo os critérios que se quer. Ao afirmar que a mercadoria ama o dinheiro, Marx recorre a William Shakespeare ao lembrar que "o curso do amor nunca é tranquilo".

Por isso, uma teoria do consumo, a partir da lógica do capital, não pode prescindir daquilo que Marx tanto quis evitar: uma análise sobre a singularidade do consumo, o que requer um olhar para o micro, para a arena das ilusões, das paixões e dos desejos humanos. Segundo Harvey, embora Marx tenha se dedicado, em especial nos *Grundrisse*, a entender como o consumo e a produção de mais valor se relacionam, assim como a distinguir entre consumo produtivo e consumo final, ele não analisou a fundo, nem naquele livro, nem em *O capital*, as singularidades das necessidades e desejos que levariam ao ato de consumir. "O capital é tratado como agnóstico em relação a que valores produzir para satisfazer o consumo final, e parece indiferente à questão de as pessoas quererem cavalos, fuscas ou BMWs" (Harvey, 2014:37).

Assim, visando controlar o incontrolável, a história do capitalismo envolve um amplo esforço de estímulo e controle da demanda de consumo. Desde os primórdios da cultura do consumo, desenvolveu-se todo um campo de saberes e técnicas, assim como verdadeiras "indústrias do desejo", como a publicitária, cujo propósito sempre foi a compreensão das paixões, desejos e ilusões de uma época no sentido de reinterpretá-los segundo a lógica do consumo. A mobilização dos desejos humanos foi e continua sendo fundamental para a existência e continuidade do capitalismo. Se Marx exclui essa análise de sua economia política por considerar que isso cabia à história, Harvey (2014:39) insiste que isso não está "inteiramente fora da elaboração teórica", pois, se por um lado o campo do desejo humano não está livre de ser ressignificado pelo próprio desejo do capital, por outro, "a curiosidade e o desejo humanos não são uma *tabula rasa* na qual qualquer coisa pode ser escrita" (Harvey, 2014:38). Com exemplos concretos e fascinantes, como o do desejo de consumo de compota de laranja-amarga pelos ingleses, do sonho da casa própria pelos americanos, ou do iPhone, cujo desejo de consumo se tornou global, Harvey mostra como, se por um lado não há uma determinação absoluta nos hábitos culturais peculiares e singulares, por outro, esses hábitos podem surgir a partir da influência que o capital tem em criar certas "condições de possibilidade" para sua formação e perpetuação.

Foi e é nessa tensão constante que o campo do consumo vem se constituindo desde as análises marxistas, o que coincide com o advento do capitalismo industrial. No entanto, o capitalismo contemporâneo é muito diferente daquele analisado por Marx, em especial no que diz respeito às relações entre o consumo e os desafios da realização do valor. Particularmente, as novas tecnologias e a crise climática vêm impondo uma reformulação radical naquela que foi formatada como a cultura do consumo do século XX. Esses dois fenômenos colocam a questão central dos limites da realização do valor pelo capital, seja porque vêm gerando um novo modelo produtivo que pode levar a uma sociedade com custo marginal zero (Rifkin, 2015), seja porque impede a continuidade de um modelo de consumo em excesso que se constituiu ao longo do século XX. A busca do capital no sentido de acomodar tais contradições já se deixa evidenciar, como vimos, a partir de novos termos, como prossumo, consumo da experiência e consumo responsável. Mas essa busca de acomodação defronta-se com transformações subjetivas que o próprio capitalismo ajudou a formatar a partir da cultura do consumo. Entramos, assim, no terreno das paixões e desejos humanos.

Uma teoria das paixões

> *Era provavelmente essa indeterminação fundamental das motivações dos produtores, bem como dos consumidores, que tornava as teorias econômicas tão aleatórias e, afinal, tão falsas [...] a existência de agentes econômicos irracionais era desde sempre a parte obscura, a falha secreta de todas as teorias econômicas.*
>
> (Houllebecq, 2010:310)

Qual o sujeito necessário à cultura do consumo? Ao longo deste livro, vimos como essa cultura foi se constituindo à medida que também produzia a figura do consumidor. O consumidor, por sua vez, nasceu da fôrma do indivíduo moderno, esse tipo de subjetivação própria do liberalismo que se formou ao longo dos séculos XVII e XVIII. E de todas as características atribuídas à constituição desse indivíduo moderno — razão, autonomia, liberdade de escolha — nenhuma foi tão fundamental para a produção do consumidor do que a ideia das paixões como necessárias ao bem-estar geral.

Um dos princípios centrais a formar o liberalismo está contido na *Fábula das abelhas*: os "vícios privados" transformam-se em "benefícios públicos".[109] Segundo o economista Albert Hirschman (2002), quando Adam Smith escreveu *A riqueza das nações*, em 1776, ele seguiu, de certa forma, as ideias do calvinista holandês de origem francesa, Bernard Mandeville, que elaborou a *Fábula das abelhas* em sua análise de um "vício" ou "paixão" específica, qual seja, a cobiça, na defesa de que o egoísmo, a busca pelo próprio prazer é capaz de produzir riqueza e felicidade. Seja porque os es-

---

[109] A *Fábula das abelhas* foi publicada originalmente em 1714. Antes disso, Mandeville publicou algumas versões sem lhe atribuir autoria própria.

critos de Mandeville causaram furor e indignação na época,[110] seja porque o próprio Smith vivia a ambiguidade de suas descobertas,[111] o famoso economista escocês — que viria a ser conhecido como o pai da economia moderna — lançou mão de uma linguagem mais neutra, buscando amortecer o impacto "do chocante paradoxo de Mandeville", substituindo "paixão" e "vício" por termos mais brandos como "vantagem ou interesse" (Hirschman, 2002:40). Assim, em Smith, a ganância, a cobiça, a "paixão pelo dinheiro", ganhou a forma neutra e positiva de "interesse".[112]

---

[110] Os escritos de Mandeville foram sendo "aperfeiçoados" a cada nova edição da *Fábula das abelhas*, ao ponto de o autor mencionar os bordéis como fonte de prosperidade, e as instituições de caridade como portadoras de virtudes que podem condenar uma cidade à ruína. Isso o levou a ser acusado de libertino e ao banimento do seu livro, que passou a ser queimado. Mas o fato de ser acusado em seu tempo de *man devil* (homem do diabo) não impediu que um dos grandes baluartes do liberalismo contemporâneo, Friedrich Hayek, lhe fizesse a devida homenagem como um *master mind* na fundação da economia. Ver, a esse respeito, Hayek (1978).

[111] Refiro-me, aqui, ao "problema de Smith" — o paradoxo cunhado pelo economista austríaco Joseph Schumpeter ao se referir à incompatibilidade entre a defesa do egoísmo (*self-love*) como base para a obra mais famosa de Adam Smith, *A riqueza das nações*, e a proposição da simpatia — entendida como altruísmo — como o afeto social fundamental, presente em sua obra menos conhecida, a *Teoria dos sentimentos morais*. Embora obras contemporâneas como a do francês François Dermange (ver ref. em Dufour, 2013:118, rodapé) indiquem que esse paradoxo advenha da base altamente teológica de Smith, é mais interessante, para nossos propósitos, a colocação da socióloga Eva Illouz (2011), para quem foram os psicólogos organizacionais do início do século XX que resolveram esse paradoxo smithiano: colocaram o afeto no centro do racionalismo econômico e com vistas à sua expansão.

[112] A análise empreendida por Albert Hirschman é esclarecedora sobre como, inicialmente separados, interesses e paixões foram fundidos por Adam Smith. A ideia de interesse, que surgiu anteriormente ao século XVIII, "compreendia a totalidade das aspirações humanas" e não se referia aos indivíduos ou seu bem-estar material, estando voltado à "ciência de governar". A partir do século XVIII, a palavra já aparece totalmente associada à posse de riqueza, de vantagem econômica ou material. E a tarefa de Smith, em *A riqueza das nações*, foi "estabelecer uma poderosa justificativa *econômica* para a busca desenfreada do interesse próprio individual" descolando-se da ênfase anterior nos "efeitos *políticos* dessa busca" (Hirschman, 2002:120, grifos no original). Nessa análise smithiana, os dois

A ideia de que as paixões privadas poderiam ser aproveitadas em benefício do bem-estar público causava, de fato, uma reviravolta em toda a filosofia moral até então constituída. E essa proposição não foi concebida inicialmente em defesa do capitalismo, que ainda não havia ganhado forma. Porém, como nos lembra o filósofo francês Dany-Robert Dufour (2013), o desenvolvimento do capitalismo não teria sido possível sem a liberação das paixões. É isso que, segundo o autor, explica por que o capitalismo, que já estava amadurecido desde a Idade Média, só ganhou a forma de um "mercado liberal capitalista" na Europa do século XVIII, nas "Províncias Unidas impregnadas de calvinismo, e depois na Inglaterra", portanto, no berço do liberalismo. Para Dufour, embora já existissem muitos lugares com fortes mercados tradicionais, esses ainda eram regidos por poderosos sistemas simbólicos que contiveram as paixões. E não seria exagero afirmar que é nessa

> condição amoral que reside certamente o segredo da irresistível penetração do capitalismo em muitos sistemas tradicionais em todo o mundo: o capitalismo pareceu libertador a muitos dos povos ainda presos a severas cláusulas morais. E, de fato, ele o era — ao mesmo tempo trazendo consigo formas absolutamente inéditas de alienação [Dufour, 2013:115].

A formação do liberalismo, e do indivíduo moderno, a partir da liberação das paixões[113] é fundamental para que possamos en-

---

termos — interesse e paixões — que tinham sido considerados separadamente e até como antônimos durante um século e meio — passam a aparecer como sinônimos.

[113] O "interesse" — que migrou paulatinamente da ideia de honra ou glória, para a financeira — que se configurava, cada vez mais, como um comportamento motivado pelo enriquecimento ou uma "paixão compensatória", crescia à sombra do declínio do ideal aristocrático, mas ainda era considerado como algo inócuo, inofensivo, inferior. Por isso, para Hirschman (2002), o triunfo do capitalismo se deu, de certo modo, por não ter sido levado muito a sério.

tender a lógica contida no consumo como espaço de realização de desejos humanos. Mas até chegarmos a esse ponto, houve um longo caminho. Um marco determinante nesse sentido foi o momento no qual a análise do comportamento humano deixou de ser a base para que filósofos morais buscassem o "aperfeiçoamento da qualidade da ciência de governar" (Hirschman, 2002:54) e se tornou objeto de estudo de economistas com vistas à expansão e ao aprimoramento dos mercados. Embora a noção de "interesse" já tivesse feito seu trajeto da política para a economia desde o século XVIII, foi apenas na aurora do século XX que a economia lançou mão dos conhecimentos de duas disciplinas emergentes — a psicologia e a psicanálise — na busca da compreensão do que move os homens e de como fazer um bom uso desse conhecimento para o desenvolvimento econômico.[114]

Já vimos como essas duas disciplinas serviram a outra disciplina, também emergente nos primórdios do século XX, o marketing, em sua busca inicial pela análise do comportamento "do consumidor". Como agora sabemos, tratava-se, na verdade, de uma análise do comportamento do indivíduo moderno com vistas à sua aplicação ao consumo, mais especificamente visando formar o consumidor. Certamente a psicologia e a psicanálise não foram criadas a fim de atenderem aos interesses dos economistas, enquanto primeiros estudiosos do marketing. Mas meu objetivo em relacionar as origens dessas disciplinas com a história do pensamento econômico, assim como em relacionar paixões e economia, é no sentido de apontar para dois aspectos importantes a serem levados em conta na proposição de se pensar uma "teoria das paixões" na

---

[114] É importante destacar como, hoje, é nas neurociências/ciência cognitiva que a economia busca suporte para a compreensão e regulação das paixões humanas. No campo da "economia comportamental" há um amplo debate acerca das irracionalidades e possibilidades de previsibilidade do comportamento humano — fato que já gerou, inclusive, um prêmio Nobel. Isso abre um campo de debate novo.

compreensão da cultura do consumo, quais sejam: (a) a ideia de que os humanos são movidos por paixões tem a idade do mundo, tal qual o conhecemos e (b) a paixão por consumir é algo recente e historicamente determinado.

Considerando que é na psicanálise[115] que encontramos uma perspectiva que permite uma profunda interlocução com o tema das paixões humanas e, como já discutido neste livro, tratou-se de um conhecimento também fundamental à constituição e compreensão da cultura do consumo ao longo do século XX, proponho nos determos na análise do funcionamento das paixões segundo essa disciplina, em especial na maneira como ela nos ajuda a entender a relação entre paixões e consumo.

A (re)descoberta freudiana das paixões: os conceitos de pulsão e de supereu

"O liberalismo começa pela descoberta de uma lei relativa à pulsão, lei que diz respeito muito diretamente à psicanálise" (Dufour, 2008:258). Seguindo esse fio histórico proposto por Dufour, podemos supor que o conceito de pulsão freudiano deu prosseguimento às descobertas de Bernard de Mandeville que, além de filósofo, também era médico. Foi como médico que Mandeville (1730:259) pôde compreender como "as doenças da alma são causadas por um refreamento excessivo das paixões/pulsões", o que o levou a ser considerado por Dufour como um psicanalista antes do seu tempo: analisava a alma e suas doenças a partir da escuta de seus

---

[115] Embora o behaviorismo — enquanto uma vertente da psicologia aplicada aos estudos do comportamento do consumidor — tenha tido um importante papel na constituição da cultura do consumo, conforme já vimos, sua base, para esses estudos, foi a do condicionamento que, a rigor, funcionava já no contexto de uma cultura do consumo constituída. Por isso, acredito que a psicanálise tenha muito mais elementos para a compreensão de uma visão geral sobre as relações entre consumo e paixões na formação desse tipo cultural.

pacientes. E foi diante da análise dessas escutas que escreveu o *Tratado das paixões hipocondríacas e histéricas*, publicado inicialmente em 1711, com edição ampliada em 1730. As paixões humanas eram compreendidas por Mandeville como "espíritos animais" que deveriam ser liberados, caso contrário ficaríamos doentes.[116] Mas Mandeville também era um homem do seu tempo[117] e, por isso, propôs que as paixões liberadas poderiam ser, ao final, vantajosas para o bem-estar social. Sua tese principal defendia que a liberação de vícios considerados negativos, da perspectiva individual, tais como a cobiça e a luxúria, seriam favoráveis à prosperidade coletiva. Já vimos como essa tese está na base da formulação da obra fundadora da economia (Smith, 1983a, 1983b) e como, desde então, tornou-se a "virtude moral" do liberalismo. Discutiremos as consequências contemporâneas dessa tese a partir da análise da

---

[116] Dufour mostra como, dois séculos antes, Mandeville antecipou os estudos freudianos sobre a histeria ao conjecturar como o adoecimento feminino poderia estar relacionado ao fato de as mulheres jovens serem submetidas a uma castidade excessiva. Do mesmo modo, também já deixava entrever a ideia de culpa neurótica freudiana, na análise da melancolia e da hipocondria masculina. Lembremos que Mandeville escreve no século XVIII, justamente o ponto de chegada do processo civilizador narrado por Norbert Elias, qual seja, o momento da exigência do autocontrole, da contenção das paixões, presente nos códigos moral e de conduta da corte e que foram, posteriormente, assumidos pela burguesia como classe ascendente no final desse mesmo século. Destacar isto é fundamental: no mesmo período histórico no qual os filósofos morais discorriam acerca do lugar e do destino das paixões, ocorria o que Norbert Elias descreveu como o ponto de chegada do processo civilizador que teve em seu cerne, justamente, a busca do controle das paixões.

[117] Conforme já vimos, no século XVIII as paixões foram reabilitadas. No início daquele século, o filósofo italiano Giambattista Vico articulou ideia similar à de Mandeville: "devido à ferocidade, avareza e ambição, os três vícios que desencaminham toda a humanidade, a sociedade cria a defesa nacional, o comércio e a política, e dessa forma produz a força, a riqueza e a sabedoria das repúblicas [...] através das suas leis inteligentes, as paixões dos homens que estão inteiramente ocupadas com a busca de sua utilidade particular são transformadas numa ordem civil que permite aos homens viver na sociedade humana" (Vico apud Hirschman, 2002:39).

cultura do consumo. Antes, porém, voltemos para a compreensão das paixões como pulsões, no sentido freudiano.

Dois séculos depois dos escritos de Mandeville, é também outro "médico das almas", dessa vez um vienense, que retoma a problemática das paixões a fim de compreender as patologias psíquicas de sua época. Em *O mal-estar na civilização*, uma das suas últimas obras, escrita em 1929 e publicada em 1930, Freud (2011) elabora uma espécie de grande resumo da sua compreensão acerca das paixões humanas em seu tempo, pois, como bem lembrou o sociólogo polonês Zygmunt Bauman, o mal-estar ao qual Freud se refere é, na verdade, o mal-estar da modernidade, pois foi somente "a sociedade moderna[118] que pensou em si mesma como uma atividade da 'cultura' ou da 'civilização' e agiu sobre esse autoconhecimento com os resultados que Freud passou a estudar" (Bauman, 1998:7). E que resultados eram esses? Um mal-estar decorrente da renúncia e repressão das paixões que na nova gramática freudiana começam a serem referidas como pulsões. Definindo felicidade como a "vivência de fortes prazeres" (Freud, 2011:19), Freud conclui que "o homem civilizado trocou um tanto de felicidade por um tanto de segurança" (Freud, 2011:61).

Freud ecoa a máxima de David Hume (1711-1776)[119] — de como a razão é escrava das paixões — ao sentenciar que as pulsões

---

[118] Embora reconheça a dificuldade de conceituação do termo, Bauman (1999) compreende que a modernidade teria se iniciado no século XVII, na Europa ocidental, a partir de um conjunto de transformações socioestruturais e intelectuais, tendo atingido sua maturidade primeiro como projeto cultural, com o estabelecimento do Iluminismo, e depois como uma forma de vida marcada pelo desenvolvimento da sociedade industrial, tanto na sua vertente capitalista quanto na comunista. Nessa definição de Bauman, fica claro como a modernidade define uma condição humana singular, com uma experiência do tempo e do espaço muito peculiar. Quando analisa a "sociedade moderna" nas décadas inicias do século XX, Freud vê nela o ponto de chegada desse movimento que, lembremos, envolveu uma profunda discussão filosófica acerca das paixões com suas consequências práticas.

[119] David Hume, filósofo, historiador e ensaísta britânico nascido na Escócia que se tornou célebre por seu empirismo radical e seu ceticismo filosófico. Escreveu,

"são mais fortes que interesses ditados pela razão" (Freud, 2011:58). No estudo que realizou sobre "as pulsões e seus destinos", apresenta a pulsão como "um conceito fronteiriço entre o anímico e o somático, como representante psíquico dos estímulos oriundos do interior do corpo que alcançam a alma, como uma medida da exigência de trabalho imposta ao anímico em decorrência de sua relação com o corporal" (Freud, 2014a:25). Em texto publicado posteriormente, define as pulsões como as "exigências corporais feitas à vida anímica" (Freud, 2014b:23). Esse é um dos conceitos mais importantes, porém um dos mais complexos da psicanálise freudiana, na medida em que "opera numa zona de indeterminação, de indistinção entre corpo e aparelho psíquico: embora sua fonte seja sempre somática, só conhecemos dela seu representante psíquico" (Iannini, 2014:96).

Há, segundo Freud, um número indeterminado de pulsões, mas o autor destaca duas fundamentais que, após diferentes nomeações,[120] foram definidas em seu último escrito sobre o tema como "libido" e "pulsão de destruição". "O objetivo da primeira é o de sempre produzir maiores unidades e assim mantê-las, quer dizer, a ligação; o objetivo da outra, ao contrário, é o da dissolução das conexões e, assim, destruir as coisas" (Freud, 2014b:25). As pulsões agem combinando-se entre si ou umas contra as outras. O ato de comer, por exemplo, "é uma destruição do objeto com a finalidade de incorporação, e o ato sexual, uma agressão com a intenção da mais íntima unificação" (Freud, 2014b:25). Mas quando há alterações nas proporções de combinação das pulsões,

---

entre outras obras, *Tratado da natureza humana*, com segunda edição publicada no Brasil, em 2009, pela Ed. Unesp.

[120] No texto escrito originalmente em 1915 — As pulsões e seus destinos —, Freud (2014a) nomeia as pulsões como de autoconservação e sexuais. No texto escrito originalmente em 1940 — O compêndio de psicanálise — Freud (2014b) começa nomeando as duas pulsões como Eros e pulsão de destruição e, ao longo do texto, substitui Eros por libido, assim como, afirma que a pulsão de destruição pode ser igualmente compreendida por pulsão de morte.

as consequências podem ser outras: "um acréscimo substancial na agressividade sexual leva alguém da condição de amante à de assassino passional, enquanto que um decréscimo substancial do fator agressivo o torna tímido ou impotente" (Freud, 2014b:27).

A que se deve a combinação entre as pulsões e como imaginar um mundo movido por elas? Permanece o desafio: como lidar com as pulsões/paixões? Nesse aspecto, Freud parece reabilitar o princípio da "paixão compensatória" dos filósofos morais do século XVII, ao propor a existência de uma instância psíquica, o supereu, compreendido como uma espécie de guardião das pulsões, uma vez que sua função é forçá-las a renunciar a suas exigências de satisfação. Assim, a agressividade — compreendida por Freud como algo a ser necessariamente renunciado na busca pela vivência em sociedade —, retorna contra o próprio sujeito como resultado da introjeção da lei moral. Em outras palavras, o sujeito passa a desenvolver uma instância interna, julgadora, disciplinadora, funcionando para além da coerção externa. Pois se essa faz o sujeito se submeter por medo da punição, o supereu, ao impor a autodisciplina, está relacionado, fundamentalmente, ao medo da perda de amor ou à rejeição social. Mas há, nesse processo, uma satisfação na própria renúncia. Diz o psicanalista, "quanto mais virtuoso for o indivíduo, mais severa e desconfiadamente" agirá seu supereu (Freud, 2011:72). Dessa forma, Freud joga luz na "escuridão" em que Hirschman se disse lançado pelo filósofo italiano Giambattista Vico, que tão bem articulou a ideia do combate das paixões sem, contudo apresentar "as condições sob as quais aquela maravilhosa metamorfose das 'paixões' destrutivas em 'virtudes' realmente acontecem" (Hirschman, 2002:39).

Freud argumenta que o "mal" pode não ser "mal" para o "eu"; pelo contrário, pode ser algo que o eu deseja e que até lhe dá prazer. Mas é preciso que uma instância externa (a sociedade) determine o que é o bem ou o mal, forçando o sujeito a seguir esse caminho que, pelo "próprio *sentir*" (Freud, 2011:70, grifo meu) ele poderia não ter seguido. Foi provavelmente nesse sentido que o filósofo brasileiro Márcio Seligmann-Silva afirmou que, em *O mal-estar na civilização*, Freud nos mostra como

> nosso processo de aculturação é um largo processo de afastamento, recalcamento e despedida de nosso corpo. Nossa "vida" torna-se algo que tem que ser administrado e enfrentado com técnicas que visam reimplantar o princípio de prazer, ali onde a sociedade quer a todo custo impor o princípio da vida em comum e o abrir mão da felicidade em favor dessa comunhão [Seligmann-Silva, 2010:218].

Como se Freud buscasse fazer ali uma espécie de ponto de chegada do que foi a longa história do desenvolvimento humano em um ser de cultura, e o preço que tivemos de pagar por isso.

É claro que a análise freudiana das pulsões — e suas restrições pelo supereu — é bem mais complexa do que estou resumindo aqui, dado que, como conceito fundamental da metapsicologia e da clínica psicanalítica, as pulsões são examinadas a partir da maneira como se manifestam em cada experiência subjetiva, como se inscrevem em cada corpo e em cada sujeito. Esse é o aspecto que toca diretamente à clínica da psicanálise, à sua especificidade, e sobre isso não há como avançar a não ser a partir da perspectiva clínica, uma vez que "os destinos das pulsões dependem de fatores os mais diversos, ligados às contingências dos encontros e dos desencontros da vida de um sujeito" (Iannini e Tavares, 2014:8). Para os propósitos deste trabalho, que é analisar a relação histórica entre paixões/pulsões e consumo, a pulsão, como conceito, é válida desde que seja articulada a uma determinada forma cultural, e é por isso que faz sentido pensá-la a partir de suas restrições pelo supereu. Foi justamente esse o caminho que Norbert Elias trilhou ao buscar compreender as relações entre pulsões e cultura no processo de civilização europeu, ocorrido no longo período entre os séculos XI e XVIII, conforme discutimos nos capítulos iniciais deste livro. Elias — que escrevia *O processo civilizador* no mesmo período histórico dos últimos escritos de Freud (1930-40) — lançou mão de conceitos psicanalíticos, como os de pulsões e supereu, a fim de demonstrar os aspectos culturais que incidem sobre as pulsões e que, apesar de isso tudo resultar diferente em cada sujeito, há algo que atravessa todos: o mundo material, das relações políticas, sociais, culturais; das normas que se impõem por um determinado período histórico e que moldam nossas paixões/pulsões.

Em *O mal-estar na civilização*, Freud está mostrando como estava se dando o *trade-off* entre pulsões e aculturação naquele momento histórico preciso, no qual a moderna sociedade industrial impunha certas exigências culturais. E, entre tantas exigências que a modernidade impôs aos seus sujeitos, o "adiamento da satisfação — da satisfação de uma necessidade ou um desejo, do momento de uma experiência agradável, do gozo" — apresentava-se como um preceito comportamental inseparável e inescapável do "modo moderno de estar no mundo" (Bauman, 2001:180). Nada, porém, predispõe os sujeitos à acomodação de tais exigências. "Se eles parecem, aqui e ali, apresentar tal 'instinto', deve ser uma inclinação criada e adquirida, *ensinada*, o sinal mais certo de uma civilização em atividade" (Bauman, 1998:8, grifos no original).

Por isso, diz Freud, "não é fácil compreender como se torna possível privar uma pulsão de satisfação. É algo que tem seus perigos; se não for compensado economicamente, podem-se esperar graves distúrbios" (Freud, 2011:43). Certamente, ao usar o termo "econômico", o autor se refere à "economia psíquica". Mas é justamente aqui que é possível recuperar o axioma comum ao liberalismo e à psicanálise, proposto por Dufour: "a pulsão é egoísta, ela visa sua própria satisfação" (Dufour, 2008:262). Segundo esse autor, é através da economia libidinal que a economia mercantil e a economia psíquica convergem. Nesse ponto, retomemos a cultura do consumo, o espaço no qual a satisfação pulsional passa a ser regulada.

A cultura do consumo e o paradoxo da satisfação adiada

Voltemos à exigência da renúncia pulsional da sociedade moderna, identificada por Bauman como o "adiamento da satisfação", indicando uma competição entre libido e pulsão destrutiva. Conforme Bauman (2001:181), ambas as pulsões competem "entre si em cada ato de adiamento, e cada adiamento é o triunfo da libido sobre seu inimigo mortal". Da perspectiva da dinâmica das pulsões, essa competição, resultando no adiamento da satisfação, indica uma renúncia ao gozo e, por extensão, abre o campo do desejo:

> O desejo estimula o esforço pela esperança de satisfação, mas o estímulo retém sua força enquanto a satisfação desejada permanecer uma esperança. Todo o poder motivador do desejo é investido em sua realização. No fim, para permanecer vivo o desejo tem que desejar apenas sua própria sobrevivência [Bauman, 2001:181].

Em outras palavras, a pulsão visa a sua satisfação, porém não satisfazê-la completamente é o que faz o sujeito desejar.[121]

---

[121] Nessa citação de Bauman (2001), as concepções de desejo e gozo parecem beber na psicanálise lacaniana. Jacques Lacan propõe o gozo como o excesso, o sem limite, que está diretamente vinculado à nossa vida pulsional. Segundo o psicanalista lacaniano Charles Mellman, "o gozo está além do prazer. Lacan indicou que o prazer era uma maneira de se proteger do gozo. Assim, beber um vinho de qualidade pode ser qualificado de prazer, mas o alcoolismo transporta o sujeito para um gozo do qual ele seria, sobretudo, o escravo" (Melman, 2003:204). O desejo, para Lacan, aparece como renúncia ao gozo, dado que o desejo é o de se fazer reconhecido como desejo pelo outro (uma instância simbólica, relacionada à sociedade-cultura na qual estamos inseridos) e é essa demanda em relação a esse outro que permite ao sujeito se limitar em seu gozo. O desejo, em Lacan, indica muito mais um movimento, um impulso para ação do

Max Weber, um sociólogo alemão estudioso da ética protestante como o espírito necessário ao capitalismo em sua formação, compreendeu o "adiamento da satisfação" a partir da categoria da "ascese". Segundo o autor, "as forças mágicas e religiosas, e os ideais éticos de dever delas decorrentes, sempre estiveram no passado entre os mais importantes elementos formativos da conduta" (Weber, 1994:11). Visando compreender como a ética protestante fomentou o espírito do capitalismo em seus primórdios, Weber (1994:11) parte do princípio de que o racionalismo econômico só se torna viável na medida em que é "determinado pela capacidade e disposição dos homens em adotar certos tipos de conduta racional". Embora o autor advirta que não está interessado nas teorias éticas dos teólogos moralistas, mas na "efetiva moralidade existente na vida dos crentes, isto é, em como os fundamentos religiosos da ética econômica afetaram a prática" (Weber, 1994:209), nós podemos fazer esse trabalho analítico de ver como as paixões/pulsões — compreendidas a partir da pena dos filósofos morais e da psicanálise freudiana — aparecem em Weber, na prática, como determinantes para o desenvolvimento do capitalismo em sua fase inicial. Pois o que esse autor mostra é como a acumulação de capital resultou de uma ética do trabalho na qual a riqueza só era eticamente condenável "na medida em que constituísse uma tentação para a vadiagem e para o aproveitamento pecaminoso da vida. Mas, como o empreendimento de um dever vocacional, ela não é apenas moralmente permissível como diretamente recomendada" (Weber, 1994:116). O livro de Weber está recheado de passagens como essas, levando-o, ao final, à conclusão de que a liberação da procura pela riqueza como uma virtude e a restrição ao consumo, através da "compulsão ascética à poupança" (Weber, 1994:124), resultou na acumulação capitalista.

---

que sua realização e, nesse sentido, se confunde com a pulsão, mas uma pulsão, digamos assim, já domada. Por isso Dufour define a pulsão como "desejo em seu valor bruto" (Dufour, 2013:182).

Mas sabemos como o capitalismo das décadas iniciais do século XX já vivera sua segunda revolução industrial, começando a produzir mercadorias em excesso que necessitavam ser consumidas. É aqui que o adiamento da satisfação, que era entendido até então como uma "virtude moral" (Bauman, 1999:182), começa a entrar em contradição com uma cultura do consumo nascente que promove o direito ao gozo imediato dos objetos. Lembremos que o crédito ao consumidor, criado nessa mesma época, tem como pressuposto fundamental o não adiamento da satisfação, mas sim a incitação ao consumo imediato. Mas o adiamento virtuoso da satisfação ainda levaria algum tempo para entrar em colapso. Em seus primórdios, as seduções da cultura do consumo foram compreendidas, apenas, como o ponto de chegada de quem trabalhou duro, as recompensas da satisfação voluntariamente adiadas, a certeza de que "quanto mais severa a autorrestrição, maior seria eventualmente a oportunidade de autoindulgência" (Bauman, 1999:181). O adiamento da satisfação mantinha o trabalhador a serviço do consumidor, mantinha o consumidor que vive no produtor "plenamente acordado e de olhos bem abertos: trabalhe, pois quanto mais você trabalhar, mais você consumirá" (Bauman, 1999:181).[122] Desse modo, embora o gozo no consumo já estivesse contido na cultura do consumo desde sua formação, essa paixão/pulsão, que

---

[122] A "filosofia" da Ford Company exemplifica isso com clareza: nenhum tipo de excesso, como álcool, fumo, adultério, jogo, prazeres banais. Ao mesmo tempo, Ford propôs um aumento salarial para seus funcionários para que os mesmos pudessem consumir os automóveis que produziam. "Era necessário que a libido se voltasse exclusivamente para o consumo de objetos rentáveis, para que nada nessa força fosse perdido em objetos inúteis. É isso a formação libidinal" (Dufour, 2013:198). Ford, de fato, teve uma compreensão sobre qual seria o modo de agir de seu funcionário, não apenas no interior de sua empresa, mas em seu modo de vida, controlando, a partir da disponibilização de moradia (os alojamentos), a vida do trabalhador fora dos horários da fábrica (Beynon, 1995). Foi isso que levou Antonio Gramsci a nomear o americanismo-fordismo, ainda em 1934, como o processo de formação de um novo homem dividido entre a virtude moral e a incitação à satisfação pulsional (Gramsci, 1996).

levada às últimas consequências é destrutiva, pôde ser contida por um preceito cultural do adiamento da satisfação como virtude. Essa contradição também pode ser ilustrada através dos modos opostos de olhar e agir de dois membros de uma mesma família: no mesmo ano em que Freud escrevia *Mal-estar na civilização* e apontava para a necessária, porém difícil, renúncia pulsional, seu sobrinho Edward Bernays provava, através de experimentos como os de levar as mulheres a fumar — e em plena América puritana —, o quanto já era possível, e necessária, a liberação das pulsões naquela nascente cultura do consumo. A partir de então, diz Dufour, todos passaram a ser vistos como um

> consumidor em potencial, vale dizer, um candidato à liberação de uma paixão ou à satisfação de uma pulsão. Tratava-se, em suma, de jogar com o desejo de cada um em seu valor bruto, a pulsão, para proporcionar-lhe um objeto manufaturado que supostamente garantiria sua satisfação ou sua liberação [Dufour, 2013:178].

Ainda segundo Dufour (2013), foi a crise de 1929, uma crise de superprodução do capitalismo, que teria aberto as comportas para a liberação das pulsões através da cultura do consumo. Não é coincidência, lembra o autor, que "experimento" de Bernays — de levar as mulheres a fumar — data de 31 de março de 1929. Outra invenção no início da mesma crise foi a *pin-up*, "personagem cultural" criada pelos desenhistas americanos George Petty e Alberto Vargas. Dufour lembra que um dos primeiros empregos a ser oferecido a essa *pin-up* foi o de vender cigarros, referindo-se às ilustrações de Petty para os cigarros da marca Old Gold, que mostram "magníficas *pin-ups* fumando com a mais perversa das inocências" (Dufour, 2013:183).

Voltemos à máxima freudiana: as pulsões sempre visam a sua satisfação. Satisfazê-las totalmente, porém, é entrar no terreno perigoso do gozo, do excesso, do sem limite, dado que há, paradoxalmente, algo de conservador nas pulsões: "de cada estado que um ser alcançou resulta um esforço por restabelecê-lo, tão logo ele tenha sido abandonado" (Freud, 2014b:23). Ou seja, satisfeita, a pulsão insistirá continuamente na busca de sua satisfação primeira — daí seu exemplo mais perfeito ser o vício que, no senso comum, se define como a busca da repetição da experiência da primeira vez. Por isso, segundo o psicanalista francês Charles Melman, o que almeja um produtor de mercadorias, cujo objetivo último é torná-la vendável, é que essa mercadoria seja altamente desejada pelo consumidor. No limite, diz o autor, o sonho de todo produtor de mercadoria é desenvolver uma mercadoria tão desejada que leve o consumidor a ficar absolutamente dependente dela, a fazer qualquer coisa para tê-la, na medida em que não possa mais prescindir do seu consumo (toda a discussão em torno da fidelidade do consumidor está associada a isso!). Sabemos que essa mercadoria existe na forma da droga. E, no fundo, diz Melman, o mercado de consumo é o da adição, visto que seu funcionamento é voltado para o excesso, para o gozo, para um consumidor que deve repetir "infatigavelmente tal ou qual comportamento sem de modo nenhum saber o que o obriga a assim permanecer — como um rio — no leito do seu gozo" (Melman, 2003:204). O que aconteceria, então, a uma cultura, e consequentemente a seu sujeito, que começasse a operar segundo a lógica da "satisfação garantida ou seu dinheiro de volta"?

As pulsões liberadas e a cultura do gozo

Conforme vimos ao longo deste livro, a segunda fase da cultura do consumo se inicia no segundo pós-guerra, quando as pulsões se tornavam cada vez mais mobilizadas pelas indústrias culturais em ascensão (revistas, cinema, televisão, publicidade) e pelo excesso de objetos a serem consumidos, entre os quais, a mercadoria ideal, o automóvel.[123] Durante esse período, o dever ético de adiamento da satisfação começou a se tornar, cada vez mais, insustentável. Desse modo, a geração de meados da década de 1960 representou a primeira a ter nascido em uma cultura do consumo plenamente desenvolvida, mas ainda socializada por uma geração que vivia e propagava as tensões dessa época de transição. Não é de surpreender, portanto, que foi essa nova geração que promoveu uma revolução cultural contra os chamados valores "tradicionais/burgueses" do capitalismo. Embora essa revolução tenha ecoado em lugares distantes — como o Brasil — seu epicentro ocorreu nos países de capitalismo avançado, tendo sido expressivo nos Estados Unidos e na França.

Certamente, as "jornadas de 1968" foram muito mais do que manifestações de jovens burgueses entediados com a cultura de consumo em massa. Mas a ideia de fazer esse recorte no movimento é no sentido de mostrar que ele também foi isso, e foi essa a parte que acabou sendo apropriada pela cultura do consumo. Insurgindo-se contra toda forma de hierarquia, bradando o "é proibido proibir",[124] buscando colocar a "imaginação no poder", essa geração, na verdade, já protestava no espírito do gozo, ou seja, na lógica da liberação das pulsões, ainda acreditando na ideia de uma "cultura pura", oposta à cultura de consumo, quando sua reivindicação já era produto dela. Isso explica por que esse movimen-

---

[123] Em meu livro, *O nome da marca* (Fontenelle, 2013b), mostro a profunda imbricação entre o automóvel, o cinema e o *fast food*, assim como sua relação com a transformação de todo um modo de vida: a construção das grandes rodovias, os subúrbios, os supermercados e todas as mercadorias que esse modo de vida começou a demandar.

[124] O movimento de Maio de 1968 ficou conhecido pelos seus grafites. Um dos mais famosos, o "É proibido proibir", trazia, na sequência, "*Lei de 10/05/1968*", que foi um dos dias mais marcantes do movimento, quando mais de 20 mil estudantes marcharam pelas ruas da cidade de Paris e entraram em confronto com a polícia. É interessante, para nossos propósitos, marcar o caráter de "lei" que foi dado a isso.

to contracultural foi tão rapidamente assimilado pela cultura do consumo. Mas essa assimilação também ocorreu porque, no final dos anos 1960, uma parte da cultura de negócios já estava absolutamente em sintonia com as reivindicações contraculturais por mais criatividade e menos conformismo (Frank, 1997; Boltansky e Chiapello, 2009), dado que a cultura do consumo, tal qual estruturada em sua primeira fase, já apresentava certo esgotamento do ponto de vista da expansão do capital. Foi por isso que muitas das críticas puderam ser absorvidas por uma cultura que também se reinventava a partir de seu próprio objeto de ataque. Em outras palavras, o movimento contracultural do final da década de 1960 deu o combustível necessário para que o capitalismo se reinventasse.

Sem dúvida, a "geração de 60" sentiu toda a ambivalência de um discurso já desgastado: aquele que sustentava o adiamento da satisfação como virtude moral, uma vez que o capitalismo já se desenvolvera ao ponto no qual o excesso de produção e a memória de uma crise de superprodução, no interregno de duas grandes guerras mundiais, exigiam, segundo a lógica desse sistema, que houvesse a incitação permanente da satisfação pulsional mediante os novos objetos e serviços de consumo.

Mike Featherstone resume bem essa equação ao resgatar a compreensão da cultura do consumo a partir da perspectiva dos "prazeres emocionais", conforme posto no início deste capítulo. O sociólogo nos mostra como aquela ideia do consumo como um auxiliar do trabalho, visto como "ordeiro, respeitável e conservador" a partir dos valores pequeno-burgueses tradicionais, começava a entrar em tensão com novas noções pequeno-burguesas de uma fração da classe média em interlocução com os valores da contracultura[125] dos anos 1960, que exaltava "o lazer como jogo criativo,

---

[125] É importante considerar que havia uma contracultura anterior aos anos 1960 que era, até esse momento histórico, muito mais radical e inassimilável pela cultura do consumo. É possível mesmo afirmar que cada época da civilização teve sua própria contracultura. Assim, White e Stallybrass (1986) remontam às feiras

a exploração emocional narcísica e a construção de relacionamentos" (Featherstone, 1995:41). Isso tudo em um novo estágio do desenvolvimento do capitalismo no qual "grande parte da produção é voltada para o consumo, lazer e serviços e na qual se verifica uma relevância crescente da produção de bens simbólicos, imagens e informações" (Featherstone, 1995:41).

A partir de então, a máxima egoísta das paixões se liberta. Não se trata mais da repressão, mas da exaltação do desejo "rebaixado ao gozo, primitivo e não elaborado, vale dizer, a pulsão" (Dufour, 2013:272). Já sabemos que esse empuxo ao gozo, via consumo, tem se intensificado desde as duas últimas décadas do século XX, expandindo sua esfera para uma acumulação, que deixou de ser, acima de tudo, de coisas: "agora nossos corpos e identidades assimilam uma superabundância de serviços, imagens, procedimentos e produtos químicos" (Crary, 2014:19). O tipo de publicidade *nonsense* que vimos surgir nesse período já indicava a necessária flexibilização dos corpos, decorrente da própria transformação da economia mercantil que não pôde mais avançar segundo as regras estritamente disciplinares do período de produção e consumo em massa. Por isso, a crítica contracultural às identidades sociais fixas do período disciplinar rapidamente se transforma na flexibilização como norma. Afirmar que a flexibilização passa a ser a norma é

---

da Idade Média a fim de explicitar as formas de transgressão paralelas ao processo civilizador narrado por Elias (1994), que envolviam a exaltação dos prazeres, do corpo grotesco, da alteridade excluída no processo de formação da identidade cortesã. Seigel (1999) e Hauser (2012) analisam o nascimento dos boêmios, na França pós-revolução de 1848, cuja forma de transgressão não se expressava apenas no seu trabalho artístico mas também na sua forma de vida, sem conforto e sem luxo, similar à forma como viviam as camadas populares. O que ocorreu é que, a partir de um longo processo de deslocamento e de conversão, no final da década de 1960, essa contracultura já havia se transformado e se assimilado ao *mainstream*. A propósito, não vejo como mero acaso que os estudos aqui mencionados sobre essas formas de contracultura tenham surgido na década de 1980. Foi nesse período, como já sabemos, que a exaltação dos prazeres emocionais do consumo, em especial do consumo da experiência, tornou-se central.

apontar para uma profunda transformação na lógica de funcionamento do supereu freudiano. Já não se trata mais da imposição de normas a serem cumpridas a fim de recalcar as pulsões, como Freud havia entendido a partir da sociedade que analisou. Agora, trata-se, tão somente, de colocar como norma a possibilidade de obedecer ao espaço infinito da flexibilização e de incorporá-la como algo desejável, uma vez que a flexibilização parece "traduzir a pulsão em seu ponto mais insubmisso" (Safatle, 2015:206), ou seja, como a possibilidade de sua liberação total.

Seria, então, o "consumo responsável" o contraponto necessário a essa liberação das pulsões na cultura do consumo contemporânea? Afinal, seu propósito não é pôr freios à desmedida, em razão de uma crise ecológica e também psíquica[126] que vem se intensificando em nossos dias? Seria nessa forma de consumo que as paixões/pulsões encontrariam seu novo equilíbrio? Certamente, soluções para a crise ecológica e para as novas psicopatologias vêm sendo discutidas e procuradas além da cultura do consumo. Cientistas do clima, ecologistas, governos, psicanalistas, militantes, entre outros, vêm debatendo e procurando respostas para essa desmedida/excesso. Mas, à medida que a própria cultura do consumo — nosso objeto de estudo — começa a se propor construir a possibilidade de um equilíbrio, convém nos perguntarmos qual o alcance e quais os limites do consumo responsável na busca por um equilíbrio das paixões/pulsões consumistas. Ou, em outros termos, qual a relação de continuidade e de distanciamento que essa noção tem com o princípio do adiamento da satisfação como virtude moral no contexto do qual nasceu a cultura do consumo. Para isso, voltemos ao supereu como instância psíquica gestora das paixões/pulsões e seu modo de funcionamento na contemporaneidade.

---

[126] Novas psicopatologias, denominadas *borderlines*, vêm sendo indicadas como resultantes dessa nova forma de incitação ao gozo excessivo.

"É proibido proibir": de volta à lógica do supereu

"Proibição proibida" é a forma pela qual ŽižeK (2015) se refere ao modo de funcionamento do supereu que corresponde ao que ele denomina "sociedade permissiva". A análise do filósofo é particularmente interessante porque apresenta exemplos extraídos da cultura do consumo contemporânea, em especial nas dimensões aparentemente opostas da incitação e freio ao consumo: algo que afirma o direito ao gozo, ao mesmo tempo que apela para sua limitação, neutralização ou proibição. Assim, ao analisar as campanhas antifumo, o autor menciona um cartaz do cigarro Marlboro, divulgado nos anos 2000, na Alemanha, na qual o famoso personagem da marca, o caubói, afirmava, a partir de um semblante sério, que "fumar é perigoso para a saúde: agora a coisa está ficando séria" (ŽižeK, 2015:95). Na interpretação de ŽižeK, o significado dessas palavras é claro: fumar é para os corajosos, para quem está disposto a assumir riscos, para quem está "preparado para consumir cigarros além do princípio do prazer, além das limitadas considerações utilitárias a respeito da saúde" (ŽižeK, 2015:96). Nesse sentido, a cultura do consumo passa a funcionar a partir de uma perspectiva perversa: força uma ação que ela mesma proibiu.

Em sentido oposto, a cultura do consumo também pode sustentar a satisfação possível, desde que o consumidor abra mão da "substância perigosa" ou consuma junto seu antídoto. Assim é que temos, cada vez, mais café sem cafeína, cerveja sem álcool, cigarro sem nicotina, doce sem açúcar. Em outras palavras, prazer sem risco.

O que está presente, em ambos os casos, é que o consumidor "deve consumir", pois há diferentes formas para burlar qualquer impossibilidade de satisfação. O funcionamento do supereu, nos dias atuais, já se descolou completamente de uma ética que punha o adiamento da satisfação como virtude moral. Agora, é bem o inverso que se promove: a incitação à satisfação o tempo todo, em especial no contexto da cultura do consumo, uma vez que foi no seu domínio que a economia mercantil e a economia pulsional puderam se realizar. Não surpreende, portanto, que a cultura do consumo busque fornecer um equilíbrio tenso entre o gozo prometido e sua realização inviável. Nós vivemos uma cultura, diz Dufour (2013:124), que "dá ênfase à exortação a gozar, acompanhando-a de uma autêntica proibição", segundo uma lógica que é a de acelerar e frear ao mesmo tempo, cada vez mais rápido e cada vez mais abruptamente. O autor exemplifica com a publicidade, em especial a de moda feminina, que lança mão de mulheres cada vez mais jovens e com imagens cada vez mais excitantes, mobilizando todo um circuito pulsional e, na outra ponta, invocando regulamentos "politicamente corretos", voltados a identificar pedófilos em potencial. Sabe-se que o resultado esperado de uma publicidade desse tipo, continua Dufour, é levar o consumidor a entender que a imagem prometida deve ser substituída pela mercadoria que ela anuncia. Mas a ativação excessiva do estímulo requer certo cuidado, a fim de evitar que o consumidor acredite que pode ter a coisa prometida.[127] Talvez por isso, a sociedade contemporânea seja acusada de perversa, ao mesmo tempo que suas cada vez mais excessivas regulamentações — não fumar, não beber, fazer sexo seguro, comer saudavelmente, entre outras — também a levem a ser identificada como retrocedendo ao puritanismo. Sendo uma cultura que incita o livre curso das paixões, desenvolve um anteparo para que, de fato, não ocorra o sem limites. Há que se proteger o sujeito, não apenas dos outros, mas também de si mesmo.

---

[127] Mas para que isso não ocorra, diz Dany-Robert Dufour, também há solução: os *sites* pornográficos, um tipo de negócio cada vez mais lucrativo, já que no funcionamento da cultura do consumo "não existem atividades proibidas, senão as que não rendem nada. A partir do momento em que podem render algo, a proibição tende a cair" (Dufour, 2013:329) ou a se deslocar. Ao exemplificar como fundos de investimentos relacionados ao sexo, álcool, jogos têm lucrado muito mais do que os fundos de pensão americanos relacionados à Igreja Católica, que tem tido até perdas, Dufour poderia relembrar Mandeville, que já sugeria, no século XVIII, o fechamento das casas de caridade e a abertura de prostíbulos, seguindo a lógica de que os vícios privados realizavam benefícios públicos.

V. CONSIDERAÇÕES FINAIS SOBRE A CULTURA DO CONSUMO CONTEMPORÂNEA E SEU FUTURO

> *Atributos cartográficos do invisível. Hipermídia com marcas espaciais. O artista assinalando cada centímetro do lugar, de todas as coisas físicas. Visíveis a todos, em aparelhos como esses [apontando para o celular].*
>
> (Gibson, 2013:31)

E assim chegamos ao final desta aventura que buscou cobrir quase um século e meio de existência da cultura do consumo. Sabemos, no entanto, que temos apenas um pálido retrato dos acontecimentos que a constituíram. E não haveria como ser diferente. Mesmo que me dispusesse a desdobrar os fatos narrados e as teorias explicativas acerca do que foi e tem sido o desenvolvimento desse tipo cultural, e mesmo que, a partir disso, já tivesse o dobro das páginas escritas aqui, ainda assim haveria muito a ser dito e, nisso, este livro acabaria tentando reproduzir a fábula de Jorge Luiz Borges, da feitura do mapa que buscou ser tão realista na sua representação que acabou se tornando do tamanho do seu território.

A comparação entre o mapa e o território vem bem a calhar, pois, ao surgir, nas décadas finais do século XIX, a cultura do consumo era apenas um pequeno ponto no mundo existente; hoje, é sua segunda pele, embora ambos — a cultura do consumo e o mundo — também já se encontrem modificados. Nessa modificação, talvez tenhamos chegado ao estágio proposto por Jean Baudrillard, para quem a fábula do mapa e do território já teria se tornado inútil. Segundo o filósofo, em um mundo de hiper-realidade, de simulacros, de modelos de "um real sem origem nem realidade, o território já não precede o mapa, nem lhe sobrevive. É agora o mapa que precede o território" (Baudrillard, 1981:8). Em outras palavras, Baudrillard quer destacar um mundo no qual o real e o virtual já não se distinguem.

Ao longo destas páginas, vimos como a cultura do consumo se tornou um espaço privilegiado para a compreensão dessa lógica que estrutura o mundo contemporâneo. E as questões que se colocam, a propósito da enorme extensão da lógica do consumo, são: há algo ainda capaz de escapar à cultura do consumo? Há algo "fora" dessa realidade? E se houvesse, seria melhor ou pior? Que alternativas temos a partir do estado do mundo em que estamos? Essas questões têm aparecido de forma mais contundente nos anos recentes, em função da intensificação da crise climática, da crescente desigualdade social, das cada vez mais novas e radicais tecnologias do virtual e das infinitas experiências pulsionais que podem proporcionar, assim como da ascensão de novos circuitos passionais — como os fundamentalismos religiosos e políticos.

São questões para as quais, obviamente, não tenho resposta. Quando comecei a ministrar a disciplina que deu origem a este livro, meu objetivo era entender onde estávamos do ponto de vista das transformações da cultura do consumo. Para isso, era necessário buscar compreender de onde partimos, já que nenhuma transformação, por mais radical que seja, faz *tabula rasa* da história. E, ao propor o capitalismo e as paixões humanas como os dois eixos estruturadores da cultura do consumo, deixo entrever que é nas transformações contemporâneas desses dois campos, assim como no que resulta do seu entrelaçamento, que deveríamos buscar indícios do que pode desafiar a existência da cultura do consumo ou ser por ela apropriado.

REFERÊNCIAS

AAKER, D. *Marcas*: brand equity — gerenciando o valor da marca. São Paulo: Negócio, 1998.

ABBOTT, L. *Quality and competition*: an essay in economic theory. Nova York: Columbia University Press, 1956.

ADORNO, T. W. A teoria freudiana e o padrão da propaganda fascista. *Margem Esquerda*: ensaios marxistas, Boitempo Editorial, n. 7, p. 164-190, 2006.

_____; HORKHEIMER, M. *Dialética do esclarecimento*. Rio de Janeiro: Jorge Zahar, 1985.

ALDERSON, W. *Marketing behavior and executive action*: a funcionalist approach to marketing theory. Homewood III: R D. Irwin, 1957.

ANDERSON, P. *As origens da pós-modernidade*. Rio de Janeiro: Zahar, 1999.

ARENDT, H. *A condição humana*. Rio de Janeiro: Forense Universitária, 2000.

BALLARD, J. G. *O reino do amanhã*. São Paulo: Companhia das Letras, 2009.

BALZAC, H. *Ilusões perdidas*. São Paulo: Estação Liberdade, 2007.

BATAILLE, G. *A parte maldita*. Lisboa: Fim de Século, 2005.

BAUDRILLARD, J. *Simulacros e simulações*. Lisboa: Relógio d'Água, 1981.

BAUMAN, Z. *O mal-estar da pós-modernidade*. Rio de Janeiro: Jorge Zahar, 1998.

_____. *Modernidade e ambivalência*. Rio de Janeiro: Jorge Zahar 1999.

_____. *Modernidade líquida*. Rio de Janeiro: Jorge Zahar 2001.

_____. *Vida para consumo*: a transformação das pessoas em mercadorias. Rio de Janeiro: Zahar, 2013.

BENJAMIN, W. Charles *Baudelaire*: um lírico no auge do capitalismo. São Paulo: Brasiliense, 1989. Obras Escolhidas III.

_____. Paris: capital do século XIX. In: KOTHE, Flávio (Org.). *Walter Benjamin*: sociologia. São Paulo: Ática, 1991.

BERGER, J. *Ways of seeing*. Nova York: Penguin, 1972.

BERNAYS, E. *Propaganda*. Nova York: Horace Liveright, 1928.

BEYNON, H. *Trabalhando para Ford*. Rio de Janeiro: Paz e Terra, 1995.

BOGART, M. *Artists, advertising and the borders of art*. Chicago: University of Chicago Press, 1995.

BOLTANSKI, L.; CHIAPELLO, È. *O novo espírito do capitalismo*. São Paulo: WMF Martins Fontes, 2009.

BOORSTIN, D. *The image*: a guide to pseudo-events in America. Nova York: Vintage Books, 1982.

BOURDIEU, P. *A distinção*. São Paulo: Edusp, 2007.

BRISCO, N. A. *Fundamentals of salesmanship*. Nova York: D. Appleton, 1917.

BUCKLEY, K. *Mechanical man*: John Broadus Watson and the begining of behaviorism. Nova York: Guilford, 1989.

BÜSCHER, B.; IGOE, J. 'Prosuming' conservation? Web 2.0, nature and the intensification of value-producing labour in late capitalism. *Journal of Consumer Culture*, Thousand Oaks, CA, v. 13, n. 3, p. 283-305, 2013.

CALDER, L. *Financing the American dream*: a cultural history of consumer credit. Princeton: Princeton University Press, 1999.

CAMMAERTS, B. *Jamming the political*: beyond counter-hegemonic practices. *Continuum*, v. 21, n. 1, p. 71-90, 2007.

CAMPBELL, C. *A ética romântica e o espírito do consumismo moderno*. Rio de Janeiro: Rocco, 2001.

CARDUCCI, V. Culture jamming: a sociological perspective. *Journal of Consumer Culture*, Thousand Oaks, CA, v. 6, n. 1, p. 116-138, 2006.

CARÙ, A; COVA, B. Revisiting consumption experience: a more humble but complete view of the concept. *Marketing Theory*, Thousand Oaks, CA, v. 3, n. 2, p. 267-286, 2003.

CHERINGTON, P. T. *Advertising as a business force*: a compilation of experiences. Manchester, NH: Ayer, 1976. Edição de relançamento.

COHEN, M. The emerging international policy discourse on sustainable consumption. In: _____; Murphy, J. (Ed). *Exploring sustainable consumption*: environmental policy and the social sciences. Onxgor: Elsevier Science, 2001.

COMOR, E. Contextualizing and critiquing the fantastic prosumer: power, alienation and hegemony. *Critical Sociology*, n. 37, p. 309, 2011.

CORBUCCI, F. *A estética da pulsão de morte na conscientização ambiental*: paradoxos e sintomas do imaginário ecológico. Dissertação (Mestrado) — Pontifícia Universidade Católica, São Paulo, 2011.

COSTA, J. F. *O vestígio e a aura*: corpo e consumismo na moral do espetáculo. Rio de Janeiro: Garamond Universitária, 2004.

CRARY, J. *24/7*: o capitalismo e o fim dos sonos. São Paulo: Cosac Naify, 2014.

D'AVENEL, G. Le Mécanisme de la vie moderne: les grands magasins. *Revue des Deux Mondes*, jul. 1894.

DAVIS, Melinda. *A nova cultura do desejo*. Rio de Janeiro: Record, 2003.

DAWSON, M. *The consumer trap*: big business marketing in American life. Champaign, IL: University of Illinois Press, 2005.

DEBORD, G. *A sociedade do espetáculo*. São Paulo: Contraponto, 1997.

DELEUZE. G. *Conversações*: 1972-1990. São Paulo: Ed. 34, 1992.

DICHTER, E. *The strategy of desire*. Nova York: Doubleday, 1960.

DICK, P. *O caçador de androides*. Rio de Janeiro: Rocco, 2007.

_____. *Ubik*. São Paulo: Aleph, 2009.

DOUGLAS, M.; ISHERWOOD, B. *O mundo dos bens*: para uma antropologia do consumo. Rio de Janeiro. Ed. UFRJ, 2006.

DRU, J. M. *Disruption*: overturning conventions and shaking up the marketplace. Nova York: Wiley, 1996. v. 1.

DUFOUR, D. *O divino mercado*: a revolução cultural liberal. Rio de Janeiro: Companhia de Freud, 2008.

_____. *A cidade perversa*: liberalismo e pornografia. Rio de Janeiro: José Olympio, 2013.

DURAND, J. Incômodos Best-sellers, USA: publicidade, consumo e seus descontentes. São Paulo: Ed. Unesp, 2015.

EISENBERGER, D. It's an ad, ad, ad, world. *Time*, 2 set. 2002.

ELIAS, N. *O processo civilizador*: formação do Estado e civilização. Trad. Ruy Jungmann. Rio de Janeiro: Jorge Zahar, 1993. v. 2.

_____. *O processo civilizador*: uma história dos costumes. Trad. Ruy Jungmann. Rio de Janeiro: Jorge Zahar, 1990. v. 1.

EWEN, S. *PR!*: a social history of spin. Nova York: Basic Books, 1996.

FEATHERSTONE, M. *Cultura de consumo e pós-modernismo*. São Paulo: Studio Nobel, 1995.

_____. *Body modifications*. Londres: Sage, 2000.

FLAUBERT, G. *A educação sentimental*: a história de um jovem. São Paulo: Nova Alexandria, 2015.

FONTENELLE, I. Caçadores do cool: pesquisas de mercado de "tendências culturais" e transformações na comunicação mercadológica contemporânea. *Lua Nova*, São Paulo, n. 63, p. 163-178, 2004a.

_____. *A psicanálise do marketing e o fetichismo das imagens: um estudo das formas da subjetividade na sociedade contemporânea*. Relatório Técnico Final de Pesquisa. São Paulo: Fapesp, 2004b. Disponível em: <www.bv.fapesp.br/pt/bolsas/39512/>. Acesso em: 17 nov. 2016.

_____. Psicologia e marketing: da parceria à crítica. *Arquivos Brasileiros de Psicologia*, Rio de Janeiro, n. 60, p. 143-157, 2008.

_____. Global responsibility through consumption? Resistance and assimilation in the anti-brand movement. *Critical Perspectives on International Business*, Bingley, v. 6, n. 4, p. 256-272, 2010.

_____. Consumo como investimento: a produção do consumidor saudável pela mídia de negócios. *Comunicação Mídia e Consumo*, São Paulo, v. 9, n. 24, p. 133-152, 2012.

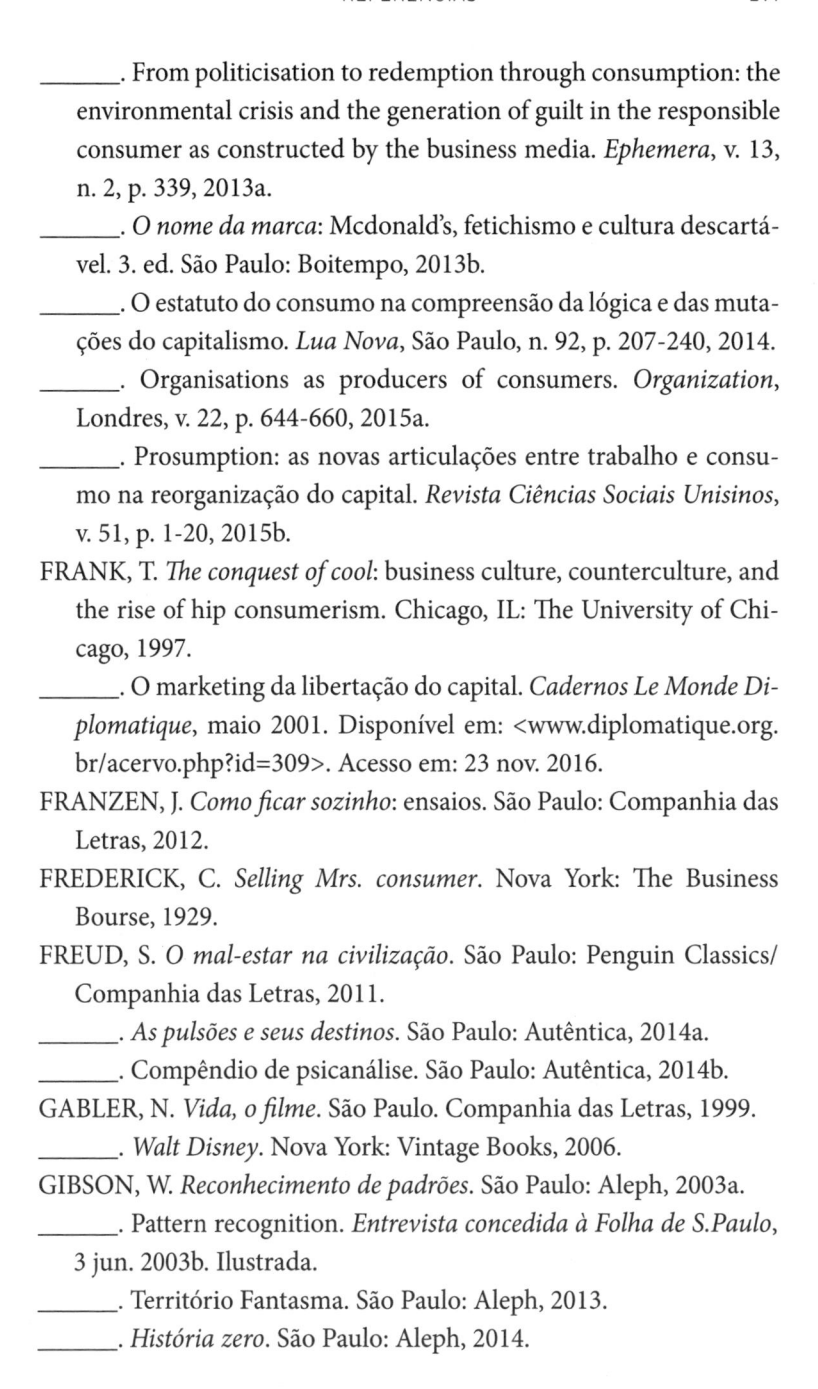

_____. From politicisation to redemption through consumption: the environmental crisis and the generation of guilt in the responsible consumer as constructed by the business media. *Ephemera*, v. 13, n. 2, p. 339, 2013a.

_____. *O nome da marca*: Mcdonald's, fetichismo e cultura descartável. 3. ed. São Paulo: Boitempo, 2013b.

_____. O estatuto do consumo na compreensão da lógica e das mutações do capitalismo. *Lua Nova*, São Paulo, n. 92, p. 207-240, 2014.

_____. Organisations as producers of consumers. *Organization*, Londres, v. 22, p. 644-660, 2015a.

_____. Prosumption: as novas articulações entre trabalho e consumo na reorganização do capital. *Revista Ciências Sociais Unisinos*, v. 51, p. 1-20, 2015b.

FRANK, T. *The conquest of cool*: business culture, counterculture, and the rise of hip consumerism. Chicago, IL: The University of Chicago, 1997.

_____. O marketing da libertação do capital. *Cadernos Le Monde Diplomatique*, maio 2001. Disponível em: <www.diplomatique.org.br/acervo.php?id=309>. Acesso em: 23 nov. 2016.

FRANZEN, J. *Como ficar sozinho*: ensaios. São Paulo: Companhia das Letras, 2012.

FREDERICK, C. *Selling Mrs. consumer*. Nova York: The Business Bourse, 1929.

FREUD, S. *O mal-estar na civilização*. São Paulo: Penguin Classics/Companhia das Letras, 2011.

_____. *As pulsões e seus destinos*. São Paulo: Autêntica, 2014a.

_____. Compêndio de psicanálise. São Paulo: Autêntica, 2014b.

GABLER, N. *Vida, o filme*. São Paulo. Companhia das Letras, 1999.

_____. *Walt Disney*. Nova York: Vintage Books, 2006.

GIBSON, W. *Reconhecimento de padrões*. São Paulo: Aleph, 2003a.

_____. Pattern recognition. *Entrevista concedida à Folha de S.Paulo*, 3 jun. 2003b. Ilustrada.

_____. Território Fantasma. São Paulo: Aleph, 2013.

_____. *História zero*. São Paulo: Aleph, 2014.

GIESLER, M.; VERESIU, E. Creating the responsible consumer: moralistic governance regimes and consumer subjectivity. *Journal of Consumer Research*, v. 41, n. 3, p. 840-857, 2014.

GILMORE, A.; PINE, J. *O espetáculo dos negócios*. Rio de Janeiro: Campus, 1999.

GLADWELL, M. *The tipping point*: how little things can make a big difference. Boston, MA: Back Bay Books, 2002.

GORZ, A. *O imaterial*: conhecimento, valor e capital. São Paulo: Annablume, 2005.

GRACIOTTI, S. Uma cilada para a propaganda: o polêmico Oliviero Toscani enreda-se na armadilha que preparou contra os publicitários. *Exame*, n. 18, p. 136, 1996.

GRAMSCI, A. Americanismo e fordismo. In: _____. *Maquiavel, a política e o Estado moderno*. Rio de Janeiro: Civilização Brasileira, 1996.

GROSSMAN, L. The quest for cool. *Time Magazine*, n. 48, p. 48-54, 2003.

GRUBB, E. L.; GRATHWOHL, H. L. Consumer self-concept, symbolism and market behavior: a theoretical approach. *The Journal of Marketing*, Chicago, IL, v. 81, p. 22-27, out. 1967.

HARVEY, D. A arte de lucrar: globalização, monopólio e exploração da cultura. In: MORAES, D. *Por uma outra comunicação*. Rio de Janeiro: Record, 2003.

_____. *Para entender O Capital*: livro I. São Paulo: Boitempo, 2013.

_____. *Para entender O Capital*: livros II e III. São Paulo: Boitempo, 2014.

_____. *Paris*: capital da modernidade. São Paulo: Boitempo, 2015.

HAUG, W. *Crítica da estética da mercadoria*. São Paulo: Ed. Unesp, 1997.

HAUSER, A. *The sociology of art*. Nova York: Routledge, 2012. Routledge Revivals.

HAYEK, F. Lecture on a master mind: Dr. Bernard Mandeville. In: _____. *New studies in philosophy, politics, economics and the history of ideas*. Londres: Routledge & Kegan Paul, 1978.

HEATH, J.; POTTER, A. *The rebel sell*: how the counter culture became consumer culture. Chichester: Capstone, 2005.

HEBDIGE, D. *Subculture*: the meaning of style. Londres: Methuen, 1979.

_____. Subculture: the meaning of style. *Critical Quarterly*, v. 37, n. 2, p. 120-124, 1995.

HIRSCHMAN, A. *As paixões e os interesses*: argumentos políticos para o capitalismo antes de seu triunfo. Rio de Janeiro: Record, 2002.

_____; HOLBROOK, M. Hedonic consumption: emerging concepts, methods and propositions. *The Journal of Marketing*, Chicago, IL, v. 43, n. 3, p. 92-101, 1982.

HOBSBAWM, E. *Era dos extremos*. São Paulo: Companhia das Letras, 1994.

_____. *A era das revoluções*: 1789-1848. São Paulo: Paz e Terra, 2012a.

_____. *A era do capital*: 1848-1875. São Paulo: Paz e Terra, 2012b.

HOLBROOK, M. *Consumer research*: introspective essays on the study of consumption. Thousand Oaks, CA: Sage, 1995.

_____. The consumption experience: something new, something old, something borrowed, something sold. *Journal of Macromarketing*, Thousand Oaks, CA, v. 26, n. 2, p. 259-266. 2006.

_____; HIRSCHMAN, E. The experiential aspects of consumption: consumer fantasies, feelings, and fun. *Journal of Consumer Research*, Chicago, IL, v. 9, n. 2, p. 132-140, 1982.

HOLLINGWORTH, H. L. Advertising and selling: principles of appeal and response. Nova York: D. Appleton and Company, 1920

HOLT, D. Branding na era da mídia social. *Harvard Business Review*, p. 25-33, mar. 2016.

HOULLEBECQ, M. *O mapa e o território*. Rio de Janeiro: Record, 2010.

HUMPHREYS, A.; GRAYSON, K. The intersecting roles of consumer and producer: a critical perspective on co-production, co-creation and prosumption. *Sociology* Compass, v. 2, n. 3, p. 963-980, 2008.

HUXLEY, A. *Admirável mundo novo*. São Paulo: Globo, 2001.

IANNINI, G. Epistemologia da pulsão: fantasia, ciência, mito. In: FREUD, S. *As pulsões e seus destinos*. São Paulo: Autêntica, 2014a.

_____; TAVARES, H. Apresentação. In: FREUD, S. *As pulsões e seus destinos*. São Paulo: Autêntica, 2014a.

ILLOUZ, E. *O amor nos tempos do capitalismo*. Rio de Janeiro: Zahar, 2011.

JAMESON, F. *Pós-modernismo, a lógica cultural do capitalismo tardio*. São Paulo: Ática, 1996.

_____. *A cultura do dinheiro*: ensaios sobre a globalização. Petrópolis: Vozes, 2001.

_____. Fear and loathing in globalization. *New Left Review*, Londres, n. 23, p. 105-114, set./out. 2003.

JAPPE, A. *As aventuras da mercadoria*: para uma nova crítica do valor. Lisboa: Antígona, 2013.

JHALLY, S. Advertising as religion: the dialetic of technology and magic. In: ANGUS, I.; JHALLY, S. *Cultural politics in contemporary America*. Nova York: Routledge, 1989.

_____. *The codes of advertising*: fetishism and the political economy of meaning in the consumer society. Routledge, 2014.

JORGENSEN, M.; PHILLIPS, L. *Discourse analysis as theory and method*. Londres: Sage, 2002.

KELBAUGH, D. *Common place*. Seatlle: University of Washington Press, 1997.

KLEIN, N. *Sem logo*: a tirania das marcas em um planeta vendido. Rio de Janeiro: Record, 2002.

KOTLER, P. The prosumer movement: Aa new challenge for marketers. *Advances in Consumer Research*, v. 13, n. 1, p. 510-513, 1986.

LAGNEAU, G. *A sociologia da publicidade*. São Paulo: Cultrix, 1981.

LANG; T; GABRIEL, Y. *A brief history of consumer activism*. In: HARRISON, R.; NEWHOLM, T.; SHAW, D. *The ethical consumer*. Londres: Sage, 2005.

LANIER, D.; RADER, C. Consumption experience: an expanded view. *Marketing Theory*, Thousand Oaks, CA, v. 15, n. 45, p. 487-508, 2015.

LEARS, J. From salvation to self-realization: Advertising and the therapeutic roots of the consumer culture, 1880-1930. In: WIGHTMAN, R.; LEARS, J. *The culture of consumption*: critical essays in American history, 1880-1980. Nova York: Pantheon Books, 1983.

LEBERGOTT, S. *Pursuing happiness*: American consumers in the twentieth century. Princeton, NJ: Princeton University Press, 2014.

LEE, M. *Consumer culture reborn*: The cultural politics of consumption. Nova York: Routledge, 1993.

LEE, S. Entrevista. *Rolling Stone*, n. 643, p. 1-5, 12 nov. 1992.

LEVY, S. J. Symbols for sale. *Harvard Business Review*, v. 37, n. 4, p. 117-124, 1959.

LIPOVETSKY, G. *A era do vazio*: ensaio sobre o individualismo contemporâneo. Lisboa: Relógio d'Água, 1989.

_____. *Metamorfoses da cultura liberal*: ética, mídia, empresa. Porto Alegre: Sulina, 2004.

_____. A felicidade paradoxal: ensaio sobre a sociedade de hiperconsumo. São Paulo: Companhia das Letras, 2007.

_____; SERROY, J. *A estetização do mundo*. São Paulo: Companhia das Letras, 2015.

LLOSA. M. *A civilização do espetáculo*: uma radiografia do nosso tempo e da nossa cultura. Rio de Janeiro: Objetiva, 2013.

LÓPEZ-RUIZ, O. *Os executivos das transnacionais e o espírito do capitalismo*: capital humano e empreendedorismo como valores sociais. São Paulo: Azougue, 2007.

MANDEVILLE, B. *A treatise of the hypochondriac and hysterick diseases in three dialogues*. Londres: J. Tonson in the Strand 1730. Ed. rev. e ampl.

MARCHAND, R. *Creating the corporate soul*: the rise of public relations and corporate imagery in American big business. Berkeley: University of California Press, 1998.

MARISA, P.; MCCULLOUGH, C. D. J. Style Biters: the commodification and commercialization of youth culture. Individualized Studies Thesis. Course Director John McCullough, 11, 2002.

MARX, K. *Grundrisse*: manuscritos econômicos de 1857-1858. Esboços da crítica da economia política. São Paulo: Boitempo; Rio de Janeiro: Ed. UFRJ, 2011.

_____. *O capital*: crítica da economia política: São Paulo: Boitempo, 2013. Livro I: O processo de produção do capital.

_____. *O capital*. São Paulo: Boitempo, 2014. Livro II.

MASON, R. Breakfast in Detroit: economics, marketing and consumer theory, 1930 to 1950. *Journal of Macromarketing*, Thousand Oaks, CA, v. 18, n. 2, p. 145-152, 1998.

MCEWAN, I. *Solar*. São Paulo: Companhia das Letras, 2010.

MCLEAN, J. *O guia não oficial de Mad Men*: os reis da Madison Avenue. Rio de Janeiro: BestSeller, 2011.

MELLO, J. M.; NOVAIS, F. Capitalismo tardio e sociabilidade moderna. In: SEVCENKO, N.; NOVAIS, F. *História da vida privada no Brasil*. São Paulo: Companhia das Letras, 1998.

MELMAN, C. O *homem sem gravidade*: gozar a qualquer preço. Rio de Janeiro: Companhia de Freud, 2003.

MILLER, D. *Trecos, troços e coisas*: estudos antropológicos sobre a cultura material. Rio de Janeiro: Jorge Zahar, 2013.

MILLER JR., G. *Exploring the limits of the human through science fiction*. Nova York: Palgrave MacMillan, 2012.

MILLER, M. *The Bon Marché*: bourgeois culture and department stores, 1869-1920. Princenton: Princenton University Press, 1981.

NORMAN, D. *Design emocional*. Rio de Janeiro: Rocco, 2008.

OGILVY, D. This postmodern business. *Marketing and Research Today*, Amsterdam, n. 18, p. 4-22, fev. 1990.

_____. *Confissões de um publicitário*. São Paulo: Bertrand Brasil, 1993.

PACKARD, V. *The hidden persuaders*. Nova York: David McKay, 1957.

PASDERMADJIAN, H. *The department store*: its origins, evolution, and economics. Londres: Newman Books, 1954

PATTEN, S. N. *The consumption of wealth*. Philadelphia: T. & JW Johnson, 1889. v. 1.

PENDERGRAST, M. *Por Deus, pela pátria e pela Coca-Cola*: a história não autorizada do maior dos refrigerantes e da companhia que o produz. Rio de Janeiro: Ediouro, 1993.

PEREIRA, C. de B. *As faces de Jano*: sobre a possibilidade de mensuração do efeito Veblen. Dissertação (mestrado) — Faculdade de

Economia, Administração e Contabilidade, Universidade de São Paulo, São Paulo, 2000.

POPE, D. *The making of modern advertising*. Nova York: Basic Books, 1983.

PORTILHO, F. *Sustentabilidade ambiental, consumo e cidadania*. São Paulo: Cortez, 2005.

REICH, R. *Supercapitalismo*. São Paulo: Campus, 2008.

RIEDER, K.; VOß, G. G. The working customer: an emerging new type of consumer. *Psychology of Everyday Activity*, n. 3, p. 2-10, 2010.

RIFKIN, J. *O fim dos empregos*. São Paulo: Makron Books, 1995.

_____. *A era do acesso*. São Paulo: M.Book, 2000.

_____. *Sociedade com custo marginal zero*. São Paulo: M. Books, 2015.

RITZER, G. Prosumption: evolution, revolution, or eternal return of the same?. *Journal of Consumer Culture*, Thousand Oaks, CA, 6 nov. 2013.

_____; DEAN, P.; JURGENSON, N. The coming of age of the prosumer. *American Behavioral Scientist*, v. 56, n. 4, p. 379-398, 2012.

_____; JURGENSON, N. Production, consumption, presumption: the nature of capitalism in the age of the digital 'prosumer'. *Journal of Consumer Culture*, Thousand Oaks, CA, v. 10, n. 1, p. 13-36. 2010.

ROTH, P. *Pastoral americana*. São Paulo: Companhia das Letras, 1998.

_____. *Casei com um comunista*. São Paulo: Companhia das Letras, 2000.

_____. *A marca humana*. São Paulo. Companhia das Letras, 2002.

SAFATLE, V. Destruição e reconfiguração do corpo na publicidade mundial dos anos 90. *Comunicação Mídia e Consumo*, São Paulo, v. 1, n. 1, p. 33-51, 2004.

_____. Identidades flexíveis como padrão da retórica de consumo. In: CENTROS DE ALTOS ESTUDOS DA ESPM (Org.). *Bravo mundo novo*: novas configurações da comunicação e do consumo. São Paulo: Alameda, 2009.

_____. O circuito dos afetos. São Paulo: Cosac Naify, 2015.
SANTOS, L. G. Prefácio. In: LÓPEZ-RUIZ, O. *Os executivos das transnacionais e o espírito do capitalismo*: capital humano e empreendedorismo como valores sociais. São Paulo: Azougue, 2007.
SCHORSKE, Carl. *Viena fin-de-siécle*: política e cultura. São Paulo: Companhia das Letras, 1988.
SCHUDSON, M. *Advertising, the uneasy persuasions*: its dubious impact on American Society. Nova York: Basic Books, 1986.
SCHWARTZ, T. *Be excellent at anything*: the four keys to transforming the way we work and live. Nova York: Free Press, 2010
SCHWARZKOPF, S. The political theology of consumer sovereignty towards an ontology of consumer society. *Theory, Culture & Society*, Thousand Oaks, CA, v. 28, n. 3, p. 106-129, 2011.
SCOTT, W. D. *The theory of advertising*: a simple exposition of the principles of psychology in their relation to successful advertising. Boston, MA: Small, Maynard & Company, 1903.
_____. *The psychology of advertising*. Boston, MA: Small, Maynard & Company, 1910.
_____. *Increasing human efficiency in business*: a contribution to the psychology of business. Nova York: Macmillan, 1914.
SEIGEL, J. *Bohemian Paris*: culture, politics, and the boundaries of bourgeois life, 1830-1930. Maryland: JHU Press, 1999.
SELIGMANN-SILVA, M. Mal-estar na cultura: corpo e animalidade em Kafka, Freud e Coetzee. *Alea: Estudos Neolatinos*, Rio de Janeiro, v. 12, n. 2, 2010.
SENNETT, R. *O declínio do homem público*. São Paulo: Companhia das Letras, 1998.
SIMÕES, C. A publicity e a publicidade (para além da propaganda). *Comunicação, Mídia e Consumo*, São Paulo, ano 3, v. 2, n. 6, p. 179-200, mar. 2006.
SLATER, D. *Consumer culture & modernity*. Cambridge: Polity Press, 1997.
_____. *Cultura do consumo e modernidade*. São Paulo: Nobel, 2002.
SMART, B. *Consumer society*: critical issues and environmental consequences. Londres: Sage, 2010.

SMITH, A. *Riqueza das nações*: investigação sobre sua natureza e suas causas. São Paulo: Abril Cultural, 1983a. v I.

_____. *Riqueza das nações*: investigação sobre sua natureza e suas causas. São Paulo: Abril Cultural, 1983b. v. II.

SMITH, R. Ecoterrorism: a critical analysis of the vilification of radical environmental activists as terrorists. *Environmental Law*, Washington, DC, n. 38, p. 537-76, 2008.

STALLYBRASS, P. *O casaco de Marx*: roupas, memória, dor. Belo Horizonte: Autêntica, 2008.

STAVRAKAKIS, Y. On the emergence of green ideology: the dislocation factor in green politics. In: HOWARTH, D.; NORVAL, A.; STAVRAKAKIS, Y. (Ed.). *Discourse theory and political analysis*: identities, hegemonies and social change. Nova York: Manchester University Press, 2000.

STRASSER, S. *Satisfaction guaranteed*: the making of the American mass market. Nova York: Pantheon Books, 1989.

STREECK, W. Citizens as customers: considerations on the new politics of consumption. *New Left Review*, Londres, n. 76, p. 27-47, 2012.

SAINT-LÉON, E. M. *Le petit commerce français*: sa lutte pour la vie. Paris: Gabalda, 1911.

TAVARES, M. *A força da marca*: como construir e manter marcas fortes. São Paulo: Harbra, 1998.

THANEM, T.; LINSTEAD, S. The new public health and the struggle to manage healthy bodies. In: THE FIFTH INTERNATIONAL CRITICAL MANAGEMENT STUDIES CONFERENCE, 2007, Manchester. *Proceedings*... Manchester: University of Manchester, 2007.

TIPPER, H. *Advertising, its principles and practice*. Nova York: Ronald Press, 1915.

TOFLER, A. *O choque do futuro*. Rio de Janeiro: Artenova, 1973.

_____. *A terceira onda*. Rio de Janeiro: Record, 2014.

TOSCANI, O. *A publicidade é um cadáver que nos sorri*. Rio de Janeiro: Ediouro, 1996.

TOSDAL, H. R. Bases for the study of consumer demand. *The Journal of Marketing*, Chicago, IL, v. 4, n. 1, p. 3-15, 1939.

WEBER, M. *A ética protestante e o espírito do capitalismo*. São Paulo: Biblioteca Pioneira de Ciências Sociais, 1994.

VEBLEN, T. *A teoria da classe ociosa*: um estudo econômico das instituições. São Paulo: Nova Cultural, 1988.

WHITE, A.; STALLYBRASS, P. *The politics and poetics of transgression*. Ithaca: Cornell UP, 1986.

WILLIAMS, R. *The long revolution*. Harmondsworth: Penguin, 1965.

_____. *Palavras-chave*: um vocabulário de cultura e sociedade. São Paulo: Boitempo, 2007.

WOLFF, F. Por trás do espetáculo: o poder das imagens. In: NOVAES, A. (Org.). *Muito além do espetáculo*. São Paulo: Ed. Senac, 2004.

WOOLF, V. Mr. Bennett and Mrs. Brown. In: _____. *Collected essays*. Londres: Hogarth Press, 1924.

YEARLEY, S. *The green case*. Londres: Harper Collins, 1991.

ZARETSKY, E. *Segredos da alma*: uma historia sociocultural da psicanálise. São Paulo: Cultrix, 2006.

ŽIŽEK, S. *A subjectividade por vir*: ensaios críticos sobre a voz obscena. Lisboa: Relógio D'Água, 2006.

_____. *A visão em paralaxe*. São Paulo: Boitempo, 2008.

_____. *Em defesa das causas perdidas*. São Paulo: Boitempo, 2011.

_____. *Problema no paraíso*. Rio de Janeiro: Zahar, 2015.

ZWICK, D.; BONSU, S.; DARMODY, A. Putting consumers to work: co-creation and new marketing govern-mentality. *Journal of Consumer Culture*, Thousand Oaks, CA, v. 8, n. 2, p. 163-196, 2008.

ZYMAN, S. *O fim do marketing como nós conhecemos*. Rio de Janeiro: Campus, 1999.